ESCREVER HISTÓRIA DO DIREITO
Reconstrução, narrativa ou ficção?

CONTRACORRENTE

coleção ensaios

Uma aproximação à teoria dos serviços públicos
Luis José Béjar Rivera

Estado de exceção: a forma jurídica do neoliberalismo
Rafael Valim

A Constituição como simulacro
Luiz Moreira

Como ler o direito estrangeiro
Pierre Legrand

As raízes legais da corrupção
Héctor A. Mairal

Ensaio sobre o conteúdo jurídico da confiança legítima e sua incidência no setor de infraestrutura
Antonio Araldo Ferraz Dal Pozzo e Augusto Neves Dal Pozzo

As normas de Direito Público na Lei de Introdução ao Direito brasileiro: paradigmas para interpretação e aplicação do Direito Administrativo
Edilson Pereira Nobre Júnior

A tirania dos poderes coniventes: o Brasil na conjuntura
Diogo Sardinha

Escrever História do Direito: reconstrução, narrativa ou ficção?
Michael Stolleis

MICHAEL STOLLEIS

ESCREVER HISTÓRIA DO DIREITO
Reconstrução, narrativa ou ficção?

Tradução
Gustavo César Machado Cabral

São Paulo

2020

CONTRACORRENTE

Copyright © **EDITORA CONTRACORRENTE**

Rua Dr. Cândido Espinheira, 560 | 3º andar
São Paulo – SP – Brasil | CEP 05004 000
www.loja-editoracontracorrente.com.br
contato@editoracontracorrente.com.br
www.editoracontracorrente.blog

Editores

Camila Almeida Janela Valim
Gustavo Marinho de Carvalho
Rafael Valim

Equipe editorial

Coordenação de projeto: Juliana Daglio
Revisão: Douglas Magalhães
Diagramação: Denise Dearo
Capa: Mariela Valim

Equipe de apoio

Fabiana Celli
Carla Vasconcelos
Fernando Pereira
Regina Gomes

Dados Internacionais de Catalogação na Publicação (CIP)
(Ficha Catalográfica elaborada pela Editora Contracorrente)

S875   STOLLEIS, Michael.
         Escrever História do Direito: reconstrução, narrativa
        ou ficção?| Michael Stolleis; tradução de Gustavo César
        Machado Cabral – São Paulo: Editora Contracorrente, 2020.

        ISBN: 978-65-8847010-7

        1. História do Direito; 2. Direito; 3. Direito Público. I.
        Título. II. Autor.

                                                    CDD: 340.07
                                                    CDU: 340

Impresso no Brasil
Printed in Brazil

@editoracontracorrente
Editora Contracorrente
@ContraEditora

sumário

APRESENTAÇÃO À EDIÇÃO BRASILEIRA 7

PREFÁCIO – Prof. Gilberto Bercovici 9

CAPÍTULO I – Escrever História do Direito: reconstrução, narrativa ou ficção? 15

CAPÍTULO II – Sobre a história da ciência histórica 21

2.1 Sobre a história da ciência histórica 22

2.2 Sobre a história da História do Direito 25

2.3 Impulso da história dos conceitos 28

2.4 História materialista do Direito 31

2.5 Macro e micro-história 33

2.6 Reviravolta linguística 34

2.7 Palavras como fatos 36

2.8　História do Direito e "conceitos" jurídicos　38

2.9　Experiência jurídica do presente como fio de Ariadne?　44

2.10　Palavras e coisas (fatos)　47

2.11　Fatos e evidências　51

2.12　Historiador como autor　54

2.13　Imaginação e memória　56

2.14　Limites da ética científica　60

CAPÍTULO III – Compreender e traduzir　63

3.1　Compreender e traduzir　65

3.2　Objetivo do conhecimento　67

3.3　Tarefas de futuro da História do Direito　70

CAPÍTULO IV – Metodologia da História do Direito　83

apresentação à edição brasileira

Para todas as ciências, é natural refletir sobre os seus próprios métodos, perguntar criticamente se alguém está no caminho certo, se não negligencia questões essenciais e, finalmente, chega a "falsos" resultados. A questão do método é particularmente importante nas disciplinas históricas, nas quais não pode haver experimentos nem provas convincentes. Discussões sobre a metodologia da História do Direito surgiram principalmente em crises ou após censuras: podemos prosseguir como antes? Estamos no caminho correto? Como nos relacionamos com as disciplinas próximas, a história geral, a sociologia, a filosofia e a teoria do direito?

O presente ensaio surgiu de uma palestra que eu fiz, inicialmente, em 1997, em Würzburg (Alemanha), e de forma modificada, em 2008, na Basileia (Suíça). As reflexões foram continuadas, em 2016, no verbete "Metodologia da História do Direito" (*Handwörterbuch zur Deutschen Rechtsgeschichte*, 2ª edição, tomo 3). Cada leitor notará que me preocupo em: (1) apontar exatamente a distinção entre proposições históricas e de dogmática jurídica e evitar misturas; (2) eliminar as barreiras internas da História do Direito que surgiram da prática universitária; (3) entender a História do Direito como um processo de permanente comunicação e tradução entre comunidades linguísticas e culturas.

Eu me alegro que este ensaio encontre o seu caminho no mundo luso-brasileiro, porque a cena brasileira atualmente é uma das mais esperançosas do mundo na nossa área. Os contatos entre o Brasil e a "velha Europa" estão mais intensos do que nunca graças a uma nova e jovem geração que – como eu pude vivenciar – se diferencia por promover velhas e novas questões para a nossa cultura jurídica com otimismo, curiosidade intelectual e consciência crítica. Mas o lado europeu também se abriu. Em nosso caso, sobretudo por meio da atuação do Prof. Dr. Thomas Duve no Instituto Max-Planck para a História do Direito Europeu, em Frankfurt.

Nada é mais importante para o intercâmbio cultural do que as traduções. Por isso, agradeço bastante ao Professor Gustavo César Machado Cabral, da Universidade Federal do Ceará, pelo seu cuidadoso e inteligente trabalho. É desse tipo de "tradução" que precisamos para um debate animado sobre o caminho futuro da História do Direito.

Frankfurt, 1º de novembro de 2019.

Michael Stolleis

prefácio

A criação do Instituto Brasileiro de História do Direito (IBHD) e o seu esforço em congregar coletivamente os pesquisadores brasileiros propiciaram uma verdadeira revolução no campo da História do Direito no país nos últimos anos. A realização de congressos de nível internacional, o estímulo à produção de teses e dissertações e à pesquisa na área vêm possibilitando a consolidação e expansão contínua da disciplina nas universidades brasileiras. Todo esse esforço sempre parte da preocupação inicial de se definir qual seria o método mais adequado para o desenvolvimento da reflexão jushistoriográfica.

É justamente desse tema central, o da metodologia da História do Direito, particularmente do Direito Público, que trata este livro de Michael Stolleis, em boa hora traduzido por Gustavo César Machado Cabral, dinâmico e brilhante historiador do Direito vinculado à Universidade Federal do Ceará. O autor, Michael Stolleis, Professor de Direito Público e História do

Direito, na Johann Wolfgang Goethe-Universität Frankfurt am Main (Alemanha), até 2006, e Diretor do Max-Planck-Institut für europäische Rechtsgeschichte de Frankfurt am Main, entre 1991 e 2009, é já bem conhecido do meio acadêmico brasileiro. Além de sua participação em congressos de História do Direito realizados no Brasil, Michael Stolleis tem sua obra estudada e divulgada entre nós por uma série de discípulos e admiradores, dentre os quais se destaca o Professor Airton Cerqueira-Leite Seelaender, da Universidade de Brasília. Várias de suas obras estão publicadas no Brasil, como os livros *O Olho da lei: história de uma metáfora* (Belo Horizonte, Editora Doyen, 2014) e *O Direito Público na Alemanha: uma introdução à sua história do século XVI ao XXI* (São Paulo, Saraiva, 2018) – é a edição abreviada de sua monumental *Geschichte des öffentlichen Rechts in Deutschland*, originariamente publicada em 4 volumes; ou como o ensaio "O Programa Social da Constituição de Weimar", publicado no livro coordenado por Gilberto Bercovici, *Cem anos da Constituição de Weimar (1919-2019)* (São Paulo, Quartier Latin, 2019).

A discussão metodológica trazida aqui certamente será fundamental para os debates em torno da História do Direito no Brasil, notadamente na esfera do Direito Público. Trata-se de uma profícua discussão que vai desde a sua relação com a chamada "História dos Conceitos" (*Begriffsgeschichte*), de Reinhart Koselleck, e seus debates com a "Escola de Cambridge", de Quentin Skinner, até o combate à visão tradicionalista da Escola Histórica do século XIX e às falsas erudições. Afinal,

PREFÁCIO

como afirma o próprio Stolleis, o problema de uma História do Direito público é o fato desta ser a história de um pensamento que não é determinado apenas pelos eventos históricos, embora não seja também compreensível sem eles, mas tem relativa autonomia na sua pretensão de estabilidade. A grande precaução que se deve ter é a de não empregar conceitos anacrônicos, resistindo à tentação de transpor conceitos e analogias atuais que não têm, necessariamente, vinculação com as definições e compreensões do passado.[1]

A tradução deste importante livro de Michael Stolleis significa tornar acessíveis vários debates metodológicos aos pesquisadores brasileiros, configurando uma enorme contribuição para a História do Direito no Brasil, que cada vez mais vem se firmando como um campo científico rigoroso, afastando-se das obras laudatórias, meramente narrativas, ou da falsa erudição.

São Paulo, dezembro de 2019.

Gilberto Bercovici

Professor Titular de Direito Econômico e Economia Política da Faculdade de Direito da Universidade de São Paulo

---

[1] STOLLEIS, Michael. *Geschichte des öffentlichen Rechts in Deutschland*. München: C.H. Beck, 1988. vol. 1, pp. 43-46.

The chameleon darkens in the shade of him
who bends over it to ascertain its colours
(Samuel T. Coleridgec, *Aids to reflection*, 1825)

capítulo I
escrever História do Direito. reconstrução, narrativa ou ficção?[2]

Questões metodológicas não costumam suscitar, na história, muito interesse entre estudantes ou colegas pesquisadores, nem muito menos do grande público. Elas são consideradas improdutivas e áridas.

---

[2] Este texto é uma reelaboração e continuação do meu esboço "*Rechtsgeschichte als Kunstprodukt: zur Entbehrlichkeit von 'Begrif' und 'Tatsache'*", Baden Baden, 1997 (*Würzburger Vorträge zur Rechtsphilosophie, Rechtstheorie und Rechtssoziologie, n. 22*). Reagi a objeções orais e escritas em três direções, a saber, de filósofos, que não compartilham as dúvidas dos historiadores sobre a utilidade dos conceitos; de historiadores, que insistem, em realidade, em ter que investigar "fatos"; e aqueles que não têm que renunciar ao empenho para obter a "verdade" enquanto pressuposto narrativo.

A narração de histórias, por outro lado, parece atrativa. O mercado de livros sabe: atualmente, nada se vende mais do que destino das mulheres no Medievo, romances policiais urbanos e biografias. Histórias satisfazem a nossa curiosidade, abrem talvez novas perspectivas ao que já era conhecido, mostram-nos o que se chama "vida", enquanto questões metodológicas são vistas como um campo infrutífero. Muitos pensam nos versos antifilosóficos do Mefistófoles de Goethe: "Eu te digo isso: um sujeito que especula é como um animal em uma charneca seca, / guiado por um espírito maligno / quando ao seu redor há lindos pastos verdes" [*Ich sag es dir: Ein Kerl der spekuliert, ist wie ein Tier auf dürrer Heide, I Von einem bösen Geist herumgeführt, I und rings umher liegt schöne grüne Weide*]. Essa é uma perspectiva simpática. Entretanto, não se devem utilizar as narrativas de histórias para fugir da reflexão. Não se pode escapar das perguntas metodológicas. Elas são essenciais para o historiador, e, por isso, ele deve prestar contas: "o que eu faço realmente?"; "o que eu pretendo?"; "que alcance têm as minhas afirmações?"; "o que eu posso provar plausivelmente?"; "posso confiar na memória dos outros – e até que ponto nas minhas próprias?". Ainda que os historiadores não se pronunciem, essas questões transparecem a cada etapa dos seus trabalhos. Eles já as movimentam logo que começam a transformar o seu específico ramo do conhecimento em uma história que pode ser contada e terminam quando, na apresentação do livro, perguntam: "o que verdadeiramente você quer dizer?"

CAPÍTULO I - ESCREVER HISTÓRIA DO DIREITO

A História do Direito é uma parte da ciência da história. Seu lugar acadêmico costuma ser as faculdades de Direito, mas suas perguntas centrais são da História. A História do Direito quer saber como funcionava um ordenamento jurídico do passado. Ela se pergunta sobre o surgimento de normas jurídicas por meio do costume ou da legislação, sobre a transmissão de normas a juristas ou cidadãos, bem como sobre a das normas jurídicas no cotidiano, seja pela administração ou por decisões judiciais. Em um sentido mais amplo, a História do Direito é a disciplina que lida com o contexto histórico de ordenamentos jurídicos em sua integralidade e com a assimilação cultural das normas jurídicas. Nesse sentido, ela é parte da história cultural e da história do espírito e deve, portanto, manter contato com a antropologia cultural, as pesquisas históricas sobre a vida cotidiana, a história da religião e a história política. Alcança o seu objeto ao isolá-lo, com a ajuda de um "conhecimento prévio" adquirido seja como for, da massa de informações históricas, o que em nada é diferente da história política, econômica ou social. Todas destilam da *histoire total* dados relevantes à sua história específica e constroem algo que se pode narrar.

Portanto, não é surpreendente que os debates das ciências históricas também cheguem ao Direito, mesmo que com uma certa demora. Aqui e alhures pergunta-se: "o que significa "escrever história na pós-modernidade?[3] Pode-se simplesmente seguir fazendo, como até agora, um acúmulo de interpretações das fontes para aproximar-se de uma verdade histórica? Ou compreender-se como narradores cujos textos só dizem que "possivelmente foi assim" – com renúncia, já no princípio, de uma pretensão supraindividual de verdade? Historiadores e historiadores do direito devem decidir-se.[4]

Diferentes são também as expectativas dirigidas à história e à História do Direito. Enquanto alguns se entendem como "sacerdotes de Clio" e, com o postulado "aprender com a história", reivindicam um poder de ordenar para o futuro, outros reagem a isso como se fossem alérgicos e afastam de si a pretensão de "orientação" ou de "dotar de sentido". Também na História do Direito há ambas posições. Alguns querem fazer-se úteis com as suas contribuições para o projeto "construir a Europa"; outros representam uma posição mais estritamente histórica e distante dos problemas jurídicos do presente. A maioria deles buscam escolher uma posição conciliatória, ao assumirem que uma História do Direito orientada para a aplicação reduz conscientemente as suas perspectivas e, como serva da política, possivelmente deva sucumbir

---

[3] CONRAD, Christoph; Kessel, MARTINA (orgs.). *Geschichte schreiben in der Postmoderne*. Stuttgart, 1994.

[4] EIBACH, Joachim; LOTTES, Günther (orgs.). *Kompass der Geschichtswissenschaft*. Göttingen, 2002.

CAPÍTULO I - ESCREVER HISTÓRIA DO DIREITO

às suas regras. Por outro lado, eles querem, pelo menos oficialmente, afastar-se dessa instrumentalização e explorar o que, pessoalmente e amparados na liberdade de pesquisa, consideram relevante, importante e iluminador.

capitulo II
sobre a história da ciência histórica

Para enxergar mais claramente essas perguntas, recomenda-se interrogar sobre a história científica dessa própria disciplina. Naturalmente, ela está presa ao mesmo dilema da descoberta de uma estrutura narrativa plausível de toda historiografia, mas a sua especificidade está na posição do observador. Ele observa, de certo modo alheio, como diferentes e sucessivas gerações construíram a sua própria imagem, a qual é útil, de alguma maneira, para narrar. A história da ciência observa narrativamente os narradores. Ela não pode se desprender das suas perturbações, mas pode se colocar à margem do campo de batalha e manter a visão sobre o tumulto.

2.1 SOBRE A HISTÓRIA DA CIÊNCIA HISTÓRICA

A filosofia da história do idealismo alemão e da historiografia nela inspirada chegou a um fim com a morte de Hegel (1831). Ainda que alguns publicistas, penalistas e civilistas seguissem empregando o vocabulário hegeliano, as forças antifilosóficas eram bem mais poderosas. Exigiam mais "realismo", mais forte atenção aos "fatos", tomar partido pelo "positivismo" e rejeitar uma filosofa da história especulativa. O que se reconhecia então eram leis de desenvolvimento rigorosamente orientadas pelas ciências da natureza e comparáveis às de Darwin. Isso se vinculava a uma crença no "progresso" que pode representar uma nova metafísica, mas no primeiro plano se situava uma admiração pelo "real", sobretudo depois da desilusão política de 1848.

Essa tendência, o "historicismo" da ciência histórica, conduziu a um deslumbrante esforço coletivo de publicação crítica das fontes. Iniciou-se ainda em 1819 com a gigantesca empreitada da *"Monumenta Germaniae Historica"*, continuando com a publicação de lápides, moedas, vidrarias, inscrições, dicionários e gramáticas pelas florescentes associações e academias do século XIX, até as empreitadas quase industriais de Theodor Mommesen e Adolf von Harnack. Reconhecendo-se que um positivismo dessa espécie somente poderia ser levado a cabo com projetos coletivos e de

CAPÍTULO II - SOBRE A HISTÓRIA DA CIÊNCIA...

longo prazo, aceitou-se o método da divisão industrial do trabalho. A ciência transformou-se numa "grande empresa",[5] como ela ainda hoje funciona. Na História do Direito, trabalharam Mömmsen e Krüger a edição do *Digesto*, Emil Friedberg a do *Corpus iuris canonicis*, Carl Gustav Homeyer a do *Sachsenspiegel*. Inumeráveis documentos medievais e textos de direito erudito foram publicados, assim como os direitos germânicos, os direitos estatutários das cidades, os costumes locais e muitas outras fontes.

Mas já no começo do século XIX essa tendência produziu movimentos contrários. O tom de pessimismo cultural do *fin de siècle* irrompeu as dúvidas: para que as montanhas acumuladas de fontes? Que sentido tem a existência do antiquariado? Friedrich Nietzsche, que, como Jakob Burckhardt, pode ser evocado em Basileia, escreveu em 1873 a sua famosa e intemporal reflexão *Dos usos e vantagens da história para a vida* e nela denunciou o pensamento histórico como "mal, achaque e erro do tempo". Nietzsche estava farto da grande empreitada do historicismo. Em *Assim falou Zaratustra*, dez anos depois, ele se despediu ironicamente dos sábios que ele apenas via partindo nozes, gerando polvos, tricotando meias para o espírito e fiando intrigas.

---

[5] NOWAK, Kurt; OEXLE, Otto Gerhard (orgs.). *Adolf von Harnack (1851-1930)*: theologe, historiker, wissenschaftspolitiker. Göttingen, 2001.

Entretanto, simultaneamente, o historicismo positivista se refinou com a lógica na teoria da ciência e na filosofia da linguagem (Ernst Mach, Moritz Schlick, Rudolf Carnap, Ludwig Wittgenstein).[6] Perseguia-se o que ainda restava da metafísica e procurava-se a base teórica para uma reconstrução do conhecimento científico, o que, então, depois do desmoronamento da religião e da metafísica histórica idealista, parecia possível. Na ciência do direito, surgiu do neokantismo, por volta do ano 1900, a Escola de Viena de Hans Kelsen, a teoria pura do direito.

A partir desse fundo rasgado por antagonismos, rachou-se também a metodologia das ciências históricas. A orientação dominante nos anos vinte cultivava a clássica história política e a "história das ideias", sobretudo na *Historische Zeitschrift*. História social e história econômica recuaram. Ao final, a "história das ideias" dessa espécie repousava em convicções filosóficas platônicas sobre ideias eternas ou pelo menos constantes antropológicas na história. Informava sobre os seus eclipses temporais e seus reiterados ressurgimentos triunfantes. Friedrich Meinecke tentou demonstrá-lo,

---

[6] GEIER, Manfred. *Der Wiener Kreis: Mit Selbstzeugnissen und Bilddokumenten.* Reinbek, 1992. JABLONER, Clemens; STADLER, Friedrich (orgs.). *Logischer Empirismus und Reine Rechtslehre:* Beziehungen zwischen dem Wiener Kreis und der Hans Kelsen-Schule. Wien, 2001.

CAPÍTULO II - SOBRE A HISTÓRIA DA CIÊNCIA...

em 1924, com referência ao antagonismo supostamente eterno entre *kratos* e *ethos*.[7]

2.2 SOBRE A HISTÓRIA DA HISTÓRIA DO DIREITO

A História do Direito era igualmente comprometida com esse modelo idealista, mais fortemente no seu ramo nacional da história do direito alemão do que nas pesquisas internacionalmente desenvolvidas sobre a história do direito romano; nas décadas entre o surgimento do Império Alemão e o final da República de Weimar, estendeu-se até a antiguidade e mesmo até a visão de uma história do direito indo-germânico.[8] Da sua parte, os germanistas tentaram, com as discussões no século XIX, estender a história do direito nacional por meio de uma comparação com a história do direito nórdico. Ao olhar retrospectivamente, envolveram-se de forma quase inevitável na correnteza antimoderna desde o final do século XIX e ligaram a busca por uma "ideia alemã de direito" aos objetivos políticos da nação alemã, da "revolução

---

[7] STOLLEIS, Michael. "Friedrich Meineckes 'Die Idee der Staatsräson' und die neuere Forschung". In: _____. *Staat und Staatsräson in der frühen Neuzeit*. Frankfurt, 1990, pp. 134-164.

[8] WIEACKER, Franz. *Römische Rechtsgeschichte*. Erster Abschnitt. München, 1988, p. 36 e seguintes, com referências a diferentes concepções, como as de Ludwig Mitteis e Leopold Wenger.

conservadora" ou do nacional-socialismo. O arco alcança desde Felix Dahn, Heinrich Brunner, Karl von Amira e Otto von Gierke até Claudius von Schwerin e Herbert Meyer. Logo depois da queda do nacional--socialismo, viu Heinrich Mitteis o "valor vital da história do direito" no descobrimento das ideias iluminadoras da liberdade e da justiça dentro do material que proporcionam as fontes.[9] Era um livro de confissões depois da guerra, uma chamada para atestar na História do Direito a ação das "ideias" dirigentes.[10] No direito romano, que decididamente estava muito debilitado pela repressão do nacional-socialismo, renovaram-se os sintomas de crise observados por Paul Koschaker em 1938.[11] De um lado, prosseguia a linha que se sentia vinculada aos estudos históricos da antiguidade e que

---

[9] MITTEIS, Heinrich. *Vom Lebenswert der Rechtsgeschichte*. Weimar, 1947. O livro foi um presente da Böhlau-Verlags aos participantes do *Rechtshistorikertages* [Dia do historiador do direito], em Marburg, 1947. Sobre o tema, cf. OGOREK, Regina. "Rechtsgeschichte in der Bundesrepublik (1945-1990)". *In:* SIMON, Dieter (org.). *Rechtswissenschaft in der Bonner Republik:* Studien zur Wissenschaftsgeschichte der Jurisprudenz. Frankfurt, 1994, p. 34 e seguintes.

[10] GAGNÉR, Sten. *Zur Methodikneuerer rechtsgeschichtlicher Untersuchungen I. Eine Bestandsaufnahme aus den sechziger Jahren*. Ebelsbach, 1993, p. 9 e seguintes.

[11] KOSCHAKER, Paul. *Die Krise des römischen Rechts und die romanistische Rechtswissen*chaft. München, 1938; seguindo em sua obra: KOSCHAKER, Paul. *Europa und das römische Recht*. München-Berlin, 1947.

CAPÍTULO II - SOBRE A HISTÓRIA DA CIÊNCIA...

construiu uma seção especial através do objeto "direito". Do outro lado, havia uma renovada relação com o direito civil vigente, por uma dupla motivação: levantar a questão da dogmática do direito vigente com um rico fundo histórico, da mesma forma que assegurar o lugar da história do direito em uma estreita vinculação com o direito civil.[12] Como sinal da unificação europeia, veio ainda um forte impulso de fazer da História do Direito e do direito comparado as verdadeiras disciplinas fundamentais de uma vindoura ciência do direito europeia.

Nas primeiras décadas depois da Segunda Guerra Mundial, buscou-se também na História do Direito uma justificativa ideológica, apelando seja aos valores eternos na tradição do idealismo alemão, seja ao sistema normativo da teoria social católica, ou ainda pela filosofia dos valores nas variantes de Theodor Litt, Max Scheler e Nicolai Hartmann. Concretamente, isso significava dar à História do Direito um fundamento antropológico e uma orientação que se adequassem às convicções do período. Para o historiador do direito romano que igualmente queria contribuir com a dogmática do direito civil, dever-se-ia buscar vínculos com uma razão imanente ao direito romano, ou pelo menos com um tesouro de fórmulas jurisprudenciais historicamente variáveis, mas também dotadas de um núcleo rígido. Não houve então debates metodológicos,

---

[12] KOSCHAKER, Paul. *Europa und das römische Recht*. 4. Unveränderte Aufl. München, [1947] 1966.

podendo-se, inclusive, afirmar que as questões fundamentais do objeto e método da História do Direito resultaram novamente silenciadas depois de uma breve fase de ebulição entre 1948/1949. A ciência se reinstalava e pretendia recuperar a vinculação com a época anterior a 1933 e com o exterior.[13] Isso correspondia à orientação geral da República Federal da Alemanha no marco do milagre econômico. Sentiu-se um novo otimismo, explorava-se o exterior, dispunha-se de Fuscas, geladeiras e máquinas de lavar roupa. Em 1960 havia quatro milhões de aparelhos de televisão no país; a renda real havia dobrado. As sombras do passado foram abandonadas no meio do caminho, e o Estado Social de Direito foi novamente estabelecido. Queria-se "Europa" e ocupou-se como historiador do direito da reconstrução de uma Europa unida sob o marco do *ius commune*.[14]

2.3 IMPULSO DA HISTÓRIA DOS CONCEITOS

Os desafios metodológicos oriundos do exterior da História do Direito, num primeiro momento,

---

[13] OGOREK, Regina. "Rechtsgeschichte in der Bundesrepublik (1945-1990)". *In:* SIMON, Dieter (org.). *Rechtswissenschaft in der Bonner Republik:* Studien zur Wissenschaftsgeschichte der Jurisprudenz. Frankfurt, 1994, p. 12 e seguintes.

[14] OGOREK, Regina. "Rechtsgeschichte in der Bundesrepublik (1945-1990)". *In:* SIMON, Dieter (org.). *Rechtswissenschaft in der Bonner Republik:* Studien zur Wissenschaftsgeschichte der Jurisprudenz. Frankfurt, 1994, p. 45 e seguintes.

foram apenas advertidos, como, em 1967, no projeto do *Historisches Wörterbuch der Philosophie*, de Joachim Ritter, empreitada que teve final exitoso em 2007.[15] Ritter concebia sua "história do conceito" como modelo de um desenvolvimento histórico da filosofia. Ele queria que a filosofia percebesse seu caminho pela luz da sua própria trajetória histórica, mas também filosofando para diante; seus questionamentos eram filosóficos e não históricos.[16] Também em 1967, começaram os trabalhos da obra *Geschichtliche Grundbegriffe. Historisches Lexikon zur politisch-sozialen Sprache in Deutschland*, conhecida como Brunner-Conze-Koselleck. Aqui o objetivo era indubitavelmente histórico. Pretendia-se descrever "conceitos" centrais para a centúria entre 1750 e 1850 em seu contexto, para averiguar a "realidade" por meio da análise dos "significados" de um âmbito léxico coerente. Naturalmente, a realidade histórica não poderia apreender-se enquanto tal, como sabia em especial Reinhart Koselleck. O que ele considerava

---

[15] MÜLLER, Oliver. "Mit allen Registern. Basel feiert das 'Historische Wörterbuch der Philosophie'". *Süddeutsche Zeitung*, 28 jun. 2007.

[16] RITTER, Joachim. "Leitgedanken und Grundsätze des Historischen Wörterbuchs der Philosophie". *Archiv für Begriffsgeschichte*, Bd. XI, p. 75-80, 1967. Ritter enfatizou a permeabilidade da separação entre história e filosofia (p. 77), mas insistiu no questionamento filosófico (p. 78), para o qual certamente a história era considerada constitutiva.

eram os "conceitos", os quais, justamente por sua ambiguidade, podem transportar, tal qual barcos, a variada e rica carga do tempo. Diferentemente da filosofia do iluminismo, em que o "conceito" (uma palavra de Christian Wolff) deveria ser inequívoco e precisamente delimitado, era o "conceito", para Koselleck, precisamente o ambíguo enquanto recipiente da história.[17] Assim, em Koselleck, o historiador

---

[17] KOSELLECK, Reinhart. "Richtlinien für das Lexikon politisch-sozialer Begriffe der Neuzeit". *Archiv für Begriffsgeschichte*, Bd. XI, 1967, p. 8l-99: "Os conceitos são, portanto, concentrados de muitos conteúdos significativos, que penetram na palavra a partir da realidade histórica – cada vez de um modo diferente. Nem todas as nossas palavras são, pois, conceitos. Por exemplo, grêmio, corporação, são 'só palavras', aquilo que significam resulta sempre unívoco – como uma corporação certamente poderia designar algo diferente em um ou outro lugar, mas em sua concreta referência sempre alude a uma em cada caso. Por expressá-lo de modo extremo: os significados das palavras podem ser determinados exatamente mediante definições, os conceitos só podem ser interpretados". A primeira das frases citadas posso compartilhar, ainda que me agrade a metáfora do "concentrado". As seguintes não são, ao meu juízo, sustentáveis. O historiador deveria evitar a busca, por trás das diferentes denominações e "opiniões" locais, de uma "essência" sempre igual, cada vez uma. Inadvertidamente se converte, com ela, em filósofo da história. Por tudo isso, uma das experiências jurídicas mais elementares consiste em que não é sustentável a ideia de que os significados das palavras podem ser delimitados com exatidão mediante definições (as quais, por sua vez, consistem apenas em palavras imprecisas!). Cf. LEHMANN, Hartmut; RICHTER, Melvin (org.). *The Meaning of Historical Terms and Concepts:* New Studies on Begriffsgeschichte. Washington, 1996, com uma contribuição de Koselleck, que encerra o volume.

era mais forte do que o também presente filósofo da história.[18]

2.4 HISTÓRIA MATERIALISTA DO DIREITO

Também desde 1967, desenvolve-se na Alemanha Ocidental um debate neomarxista que parte igualmente dos efeitos recíprocos entre o pensamento recolhido em palavras e na situação material. Inclusive quando se pretende a prioridade da base material, segue sempre claro que o pensamento antecipatório pode modificar essa base. A "consciência revolucionária", tantas vezes conjurada, se se atribui capacidade para mudar a história, deve gozar também de certa autonomia. Caso contrário, não se compreenderá que precisamente os sistemas comunistas empreenderam enormes esforços para orientar o uso da linguagem, de modo tal que evidentemente admitiam a possibilidade de uma direção da realidade através da linguagem e do pensamento. Nos anos sessenta, quando as inquietudes sociais alcançaram a universidade, também os historiadores do direito se viram bruscamente confrontados com as reivindicações de uma história materialista do direito.[19] Em

---

[18] KOSELLECK, Reinhart. *Kritik und Krise: eine Studie zur Pathogenese der bürgerlichen Welt*. Freiburg-München, 1959.

[19] WESEL, Uwe. "Zur Methode der Rechtsgeschichte". *Kritische Justiz*, 1974, p. 337 e seguintes; com outra ênfase, LANDAU, Peter. "Rechtsgeschichte und Soziologie". *Vierteljahresschrift für Sozial- und Wirtschaftsgeschichte*, n. 61, 1974, p. 145 e seguintes.

poucas palavras, isso significava deixar de considerar o direito como entidade autossuficiente para dirigir intensamente a atenção até às condições econômicas e sociais como substrato de qualquer ordenamento jurídico.[20] Tratava-se de uma exigência completamente justificada que, hoje, com a distância de uma geração, quase qualquer historiador do direito aceita, mas que, à época, supostamente só à causa neomarxista conduzia fortes reações defensivas.

Nos anos seguintes, pareceu pacificar-se novamente o debate metodológico desenvolvido, a partir de 1968, por historiadores e historiadores do direito. Tratava-se, porém, de falsa impressão. Os historiadores tiveram seus grandes confrontos políticos em torno da tese de Fritz Fischer sobre a questão da culpa na Primeira Guerra Mundial,[21] logo seus enfrentamentos em torno de Ernst Nolte, com a chamada *Historikerstreit I* ["Disputa de historiadores I"],[22] e depois a *Historikerstrei II* ["Disputa de historiadores II"], sobre o passado

---

[20] Contra Wesel, a crítica de RÜCKERT, Joachim. "Zur Erkenntnisproblematik materialistischer Positionen in der rechtshistorischen Methodendiskussion". *Zeitschrift für historische Forschung,* n. 5, 1978, pp. 257-292.

[21] FISCHER, Fritz. *Deutsche Kriegsziele:* Revolutionierung und Separatfrieden im Osten 1914-1918. HZ, 1959. FISCHER, Fritz. *Der Griff nach der Weltmacht*: die Kriegsziele des kaiserlichen Deutschland 1914/18, 1961. FISCHER, Fritz. *Krieg der Illusionen:* die deutsche Politik von 1911 bis 1914, 1969.

[22] WEHLER, Hans Ulrich. *Entsorgung der deutschen Vergangenheit?* Ein polemischer Essay zum "Historikerstreit". München, 1988.

CAPÍTULO II - SOBRE A HISTÓRIA DA CIÊNCIA...

nacional-socialista de Theodor Schieder, Werner Conze, Wilhelm Mommsen, Karl Dietrich Erdmann e outros.[23] Os historiadores do direito, um grupo comparativamente marginal e com talvez uma dúzia de participantes ativos no grupo de trabalho *Juristische Zeitgeschichte*, dedicado à história jurídica contemporânea, mantiveram-se bem mais silenciosos. O peso do passado nacional-socialista de alguns germanistas (K. A. Eckhardt, W. Ebel, Herbert Meyer) já não era mais um tema significativo.[24]

Muito mais importante do que esses acontecimentos midiáticos e os debates dos grupos, determinados por relações de lealdade e por suscetibilidades pessoais, foi a lenta transformação da perspectiva dos historiadores e dos historiadores do direito por influência americana, francesa e, em menor medida, inglesa. Quero descrevê-la brevemente.

2.5 MACRO E MICRO-HISTÓRIA

Primeiramente, apareceu em cena a história das relações sociais e econômicas, em definitiva história da

---

[23] SCHULZE, Winfried; OEXLE, Otto Gerhard (orgs.). *Deutsche Historiker im Nationalsozialismus*. Frankfurt, 1999. HAAR, Ingo. *Geschichtswissenschaft und der "Volkstumkampf" im Osten*. Göttingen, 2000.

[24] STOLLEIS, Michael; SIMON, Dieter. (orgs.). *Rechtsgeschichte im Nationalsozialismus. Beiträge zur Geschichte einer Disziplin*. Tübingen, 1989. RÜCKERT, Joachim; WILLOWEIT, Dietmar (org.). *Die Deutsche Rechtsgeschichte in der NS-Zeit, ihre Vorgeschichte und ihre Nachwirkungen*. Tübingen, 1995.

sociedade, desafiando tanto a clássica história política quanto a não menos clássica história das ideias. Temas que haviam sido abandonados desde Karl Lamprecht e Otto Hintze foram novamente abordados.[25] Já não se deveriam investigar os "grandes homens" ou as "ideias", mas sim estruturas sociais, processos demográficos, instrumentos de educação e formação, modelos de profissionalização, novas classes, como a dos "empregados", o comportamento eleitoral etc.[26] Frente à história social orientada às macroestruturas, apresentou-se logo a micro-história, a história da vida cotidiana e da cultura, buscando-se documentos pessoais, inclinando-se com lente de aumento sobre pequenas unidades sociais, tentando-se iluminar estruturas familiares, aventurando-se, inclusive, na visão em forma de história psicológica sobre motivações e pseudomotivações, sacando-se a luz do dia do reprimido, dedicando-se às complexas influências recíprocas entre linguagem e imagem.

2.6 REVIRAVOLTA LINGUÍSTICA

Transcendência fundamental teve finalmente o giro linguístico, decisivamente iniciado por Richard

---

[25] WEHLER, Hans Ulrich. *Deutsche Gesellschaftsgeschichte*, 4 Bde. München, 1987-2003.

[26] BURGHARTZ, Susanna. "Historische Anthropologie – Mikrogeschichte". *In:* EIBACH, Joachim; LOTTES, Günther (orgs.). *Kompass der Geschichtswissenschaft*. Göttingen 2002, pp. 206-218.

CAPÍTULO II - SOBRE A HISTÓRIA DA CIÊNCIA...

Rorty.[27] Seu significado foi muito exagerado, como não poucas vezes acontece quando aparecem novos lemas e *slogans*, mas ainda assim resulta inegável que certas ideias fundamentais da teoria literária pós-moderna tenham gerado inseguranças também nas ciências históricas. De forma muito resumida, caberia dizer o seguinte: não temos acesso imediato ao passado, salvo por meio da linguagem ou dos objetos interpretados por ela; deciframos uma rede de comunicações pertencentes ao passado; compreendemos as palavras ou as imagens somente de forma contextualizada; renunciamos a fins desencaminhados como a "verdade histórica"; não trabalhamos na arqueologia de "fatos";[28] a língua não é um espelho da realidade passada, mas o texto "é" essa realidade passada (Jacques Derrida).[29]

---

[27] RORTY, Richard. *Objectivity, relativism and truth.* Cambridge, 1991. RORTY, Richard. *The Linguistic Turn:* Recent Essays in Philosophical Method. Chicago, 1967.

[28] ALTHAUS, Claudia. *Erfahrung denken:* Hannah Arendts Weg von der Zeitgeschichte zur politischen Theorie. Göttingen, 2000, pp. 40-59; o desafio do "giro linguístico".

[29] Ao redor da frase "*La réalité n'est pas dans les choses*" gira o importante livro do físico Bernard d'Espagnat: *Traite de Physique et de Philosophie.* Paris: Fayard, 2002. O autor rechaça – com Kant – a noção de uma realidade ontológica e insiste em que produzimos os fenômenos mediante nossas medições. A objetividade existe para ele, portanto, somente em um sentido débil, quando o idêntico pode ser medido. Qualquer insistência em uma realidade sobreentendida situada por trás das medições teria caráter metafísico. O que temos são informações filtradas por nossas possibilidades de

Frente a isso, apresentaram-se muitas objeções, como: a concentração nos textos deixa ocultos os atores mudos da história; as minorias poucas vezes tomam a palavra; existem imagens e experiências não textuais;[30] a renúncia ao conceito de verdade exclui a possibilidade de crítica, de modo que não caberia distinguir entre verdade e erro, sentido e sem sentido, saber e opinião.[31]

2.7 PALAVRAS COMO FATOS

Finalmente, caberia dizer que a identificação entre texto e realidade histórica é tão equivocada quanto aquele célebre "é" (*hoc est*) da doutrina da transubstanciação sobre o que discutiram Lutero e Zwinglio. Por mais poderosas que sejam essas objeções,

---

percepção. Entretanto, cabe falar de "verdade" em um sentido convencial (débil) se se limita seu estatuto ao de um acordo linguístico orientado à comunicação.

[30] Até agora não se esclareceu satisfatoriamente como poderiam ser transmitidas e discutidas tais imagens e experiências se não forem transformadas em linguagem. As imagens devem ser "lidas" como textos, as experiências hão de ser formuladas para resultar comunicações.

[31] ALTHAUS, Claudia. *Erfahrung denken:* Hannah Arendts Weg von der Zeitgeschichte zur politischen Theorie. Göttingen, 2000, p. 55 e seguintes. Este último resultado é acertado. Na posição de "verdadeiro-falso", coloca-se a opinião majoritária da comunidade comunicativa, que censura a quebra dos padrões profissionais como "acientíficos" e, desse modo, delimita o terreno das proposições científicas supostamente confiáveis.

CAPÍTULO II - SOBRE A HISTÓRIA DA CIÊNCIA...

não alteram o fato de que a "reviravolta linguística" teve como consequência "perdas de certeza"[32] e que já não cabe voltar a falar de modo desinibido de acontecimentos históricos, de fatos e de verdade histórica, ainda que se haja alcançado, entretanto, um amplo acordo sobre a linguagem, e os discursos serão compreendidos em seu alcance no mundo social e histórico somente se proferidos por sujeitos atuando conscientemente.[33] Também se alcançou o acordo unânime de que não se deve existir um conflito de prioridades entre realidade e linguagem, como entre a galinha e o ovo. A linguagem depende da realidade, mas muda a realidade enquanto a "nomeia". Quando, no conto de Hans Christian Andersen, *As novas roupas do Imperador*, diz o menino "mas ele está nu!", nesse momento, muda-se de repente a percepção. Cabe dizer que o menino "faz" o imperador nu, provoca a quebra da sua autoridade; as reações dos cortesãos e da multidão que o rodeiam demonstram isso. "As palavras também são fatos", disse Ludwig Wittgenstein, e isso é verdade. Não somente a palavra de Deus "criou" o mundo; temos incontáveis exemplos cotidianos de que os "atos de fala", no sentido de John L. Austin, mudam

---

[32] HAVERKATE, Görg. *Gewißheilsverluste im juristischen Denken:* zur politischen Funktion der juristischen Methode. Berlin, 1977.
[33] ALTHAUS, Claudia. *Erfahrung denken:* Hannah Arendts Weg von der Zeitgeschichte zur politischen Theorie. Göttingen, 2000, p. 56 e seguintes.

o mundo, restauram ou rompem relações humanas, mas sobretudo de que o mundo inteiro, também o mundo passado na história, só pode ser apreendido e criticado, se necessário, por meio da sua estrutura linguística.[34] Nela forcejamos pela interpretação supostamente "correta"; estamos recriando o passado enquanto construção espiritual. Reinhart Koselleck disse apodíctica e acertadamente: "O que sempre se constate ou declare sobre a história: permanece ligado de volta à mediação linguística".[35]

2.8 HISTÓRIA DO DIREITO E "CONCEITOS" JURÍDICOS

Na História do Direito, esses debates linguísticos e filosóficos provocaram certos reflexos, exemplarmente no abandono da tradicional história dogmática romanística no sentido de uma história do direito do "direito em ação" (*law in action*), de pesquisas

---

[34] Extraído de WITTGENSTEIN, Ludwig. *Philosophische Untersuchungen*. Frankfurt, 2001, p. 546, em que se diz que "as palavras também são fatos". Veja-se a respeito o comentário de Eike von Savigny, Bd. 2, 2. Aufl., p. 229-231, assim como o fundamental AUSTIN, John Langshaw. *Zur Theorie der Sprechakte (How to do things with Words)*. Stuttgart, 1979.

[35] "Was immer über die Geschichte festgestellt oder ausgesagt wird: Es bleibt zurückgebunden an die sprachliche Vermittlung". KOSELLECK, Reinhart. "Was sich wiederholt". *FAZ,* vol. 21, jul. 2005, p. XX.

CAPÍTULO II - SOBRE A HISTÓRIA DA CIÊNCIA...

sobre as razões sociais e econômicas da legislação, do descobrimento da "legislação simbólica" também no passado até a microanálise do comportamento judicial de um lado e, de outro, do registro estatístico de dados de massa. Em certa medida, houve também um alargamento do campo de investigação, por exemplo, por meio do renascimento da história do direito penal no Medievo e no início da Idade Moderna, do estudo da história científica da criminologia, do estudo da história científica do direito público, do renascimento da história do direito internacional e de muitos outros.

Nas profundezas, mais se movia. Faziam-se perguntas fundamentais sobre a aptidão dos instrumentos de trabalho. Quem examinasse criticamente a pesquisa alemã em História do Direito nos anos 60 e 70 do século XX poderia perceber que havia impronunciáveis premissas filosóficas.[36] Elas diziam respeito tanto às matérias quanto aos objetivos do trabalho. Às matérias, como rezavam as tarefas orientadas pelo direito vigente, solicitava-se: mostrem-nos, com o material histórico, a "essência" da propriedade, do contrato, da autonomia privada, do penhor, do matrimônio, da hipoteca, da pessoa jurídica etc.; mostrem-nos as figuras

---

[36] Aqui, mais uma vez, alude-se a Gagnér, que seguiu os passos dos principais autores desse tempo e perguntou aos seus textos sobre as premissas filosóficas. GAGNÉR, Sten. *Zur Methodik neuerer rechtsgeschichtlicher Untersuchungen I. Eine Bestandsaufnahme aus den sechziger Jahren*. Ebelsbach, 1993.

jurídicas que sempre retornam, os chamados elementos estáveis diante da fugacidade do tempo.[37] Isso pressupunha que existia uma tal "essência", um núcleo conceitual. Entre muitos níveis intermediários, esse foi um conceito realista popularizado no século XIX. Incontáveis dissertações esboçaram de tal modo a "pré-história" do direito vigente, inferindo do conhecido para o desconhecido, sem, no entanto, realmente se meterem em textos e funções, mas, em última análise, investigando formas anteriores do presente ou, seguindo um derivado filosófico do direito natural e do idealismo, buscando a essência a-histórica de uma instituição. Esse último correspondia ao pensamento realista-conceitual da dogmática jurídica, enquanto esta pressupunha que o seu trabalho seguia um conceito passível de ser encontrado por trás de nomes acidentais. Na história e na História do Direito, correspondia-se à intenção de finalmente encontrar, por exemplo, de onde decorreram os limites das épocas, o que significavam "verdadeiramente" o início do capitalismo, absolutismo, Estado, divisão de poderes ou outras figuras dogmáticas. Não era suficientemente frequente o trabalho de precisão contra o qual não haja reparos, salvo a tentativa, de antemão inútil, de atribuir às denominações linguísticas uma substância ontológica e durabilidade. Esta poderia ter sido facilmente

---

[37] MAYER-MALY, Theo. "Die Wiederkehr von Rechtsfiguren". *Juristenzeitung*, pp.1-3, 1971.

CAPÍTULO II - SOBRE A HISTÓRIA DA CIÊNCIA...

percebida, quando se tomou verdadeiramente a sério e historicamente a variabilidade do uso linguístico nos tempos e nas culturas.

Mas parece que o subconsciente resiste a isso. Tanto os que lidam com a dogmática jurídica quanto os historiadores do direito ao seu lado frequentemente obtêm a legitimação para as suas atividades, que eles sugerem a si e aos outros colaborar com uma obra coletiva cujo objetivo é demonstrar uma estrutura de sentidos estável e sem contradições para a resolução pacífica de conflitos. Fazendo-se isso há, então, "avanços" e "retrocessos" ou "situações estáveis". Participar nos avanços é, em todo caso, um remédio não desprezível para a moral do trabalho e da psiquê. Quem se propôs ao objetivo de iluminar a profundidade da alma germânica e a essência do direito alemão podia esperar a aprovação no tempo do nacional-socialismo, do mesmo modo ao do historiador do direito que, depois de 1947, animou seus colegas, apesar de todos os revezes, a se dedicarem à ideia de liberdade imanente à História do Direito. Atualmente são imagináveis mais opções para inspirações da História do Direito por meio de finalidades não históricas, por exemplo, a colaboração numa útil "Arqueologia dos Direitos Humanos" para uma sociedade mundial, o serviço sujo histórico para uma unificação jurídica na Europa ou a elaboração e defesa dos princípios jurídicos liberais e sociais como ideias condutoras para a legislação e a jurisdição. Por trás desses objetivos humanitários, que só em princípio poderiam ser aprovados, situam-se, em todo caso, requerimentos normativos e uma esperança, a qual não mais pode hoje ser chamada de um ingênuo "otimismo do progresso", mas que, ao final, dele procede. É aquela esperança de melhora das condições de vida, juridicamente falando: regulação pacífica de conflitos, que pode se ocultar por trás de todo trabalho voluntário.

Esse otimismo ou seus derivados mais fracos perderam apoio certamente desde a transição do século XIX para o século XX, por meio de orientações filosóficas declaradamente antimetafísicas que ou consideraram os juízos de valor ou de gosto geralmente não comunicáveis cientificamente, ou propuseram o desaparecimento da própria filosofia, à medida que explicaram os problemas filosóficos como desvios no uso da linguagem, como o segundo Wittgenstein. Para a História do Direito, significou a assimilação que se podia observar da frase de Wittgenstein – "O significado de uma palavra é o seu uso na linguagem" –, na década de 60 do século XX, a oportunidade de se livrar do século XIX e poder avançar para uma "história do direito sem metafísica".[38] A mensagem rezava: libera-te duplamente, a saber, dos pressupostos filosóficos, mais exatamente dos enfeitiçados platônico-conceituais do idealismo, do mesmo modo que as especificações do

---

[38] GAGNÉR, Sten. *Studien zur Ideengeschichte der Gesetzgebung.* Uppsala, 1960, p. 55.

CAPÍTULO II - SOBRE A HISTÓRIA DA CIÊNCIA...

direito vigente; curva-te sobre o texto do passado e observe nesse texto como uma palavra é utilizada; decifra as regras de emprego; comporta-te, para eleger um exemplo de Wittgenstein, como alguém que não conhece as regras do jogo de xadrez, mas pode decifrá-las por meio da observação dos jogadores.

Levando-se a sério essa instrução, então se trata primordialmente do estudo do uso das palavras que devem ser compreendidas. Seguramente se trata também de representações pictóricas e de outras coisas reais, mas essas precisam ser "lidas" e compreendidas, bem como transformadas em linguagem, para serem comunicáveis. Sempre outra vez nos curvamos a textos e imagens, estudando o seu contexto e "traduzindo-os" para a nossa linguagem. Se escolhermos uma versão mais concreta ou mais abstrata da tradução, será uma pergunta da comunicação prática. Se escolhermos uma "descrição" densa, cresce a clareza, enquanto se reduz a possibilidade de comparar. Escolhendo-se o grande formato do vocabulário da teoria dos sistemas, então cresce a capacidade de assimilação aos teoremas das ciências sociais, ao passo que as individualidades e os detalhes objetivos se dissolvem. Em todo caso, utilizamos as palavras mais ou menos precisas da nossa linguagem contemporânea. A diferença de categoria entre palavra e "conceito" (seja num significado de um sentido linguístico preciso ou no sentido contextual-histórico de Reinhardt Koselleck) torna-se sem sentido. Não existe uma classe de palavras com mais elevada dignidade que chamemos de "conceitos"; então, são também os conceitos palavras dependentes dos contextos e necessitadas de interpretação. Se o filósofo encontra sentido na construção de conceitos – inclusive, sequer pode pensar sem eles –,[39] busca o historiador, no texto que ele há de compreender, "palavras" que lhe interessam. "Quais as palavras" é uma pergunta da hipótese que cada vez se persegue.

2.9 EXPERIÊNCIA JURÍDICA DO PRESENTE COMO FIO DE ARIADNE?

É decisivo para o trabalho em História do Direito como se separar o material linguístico importante para ela das (em princípio) ilimitadas montanhas de outras fontes. Na maioria dos casos, isso é relativamente fácil, porque podemos rastrear e adotar, sem grandes riscos de anacronismo, a semântica de direito, tribunal, juiz, sentença, lei ou livro jurídico, linguisticamente equivalentes aos usos ainda atuais. Mais difícil é classificar por seu conteúdo fenômenos jurídicos cujo funcionamento não se conhece precisamente. Não conhecemos realmente o conteúdo, podemos apenas imaginar aproximadamente, reconstruir penosamente o valor penal de algumas sanções, como

---

[39] Veja os artigos "Conceito" e "História dos conceitos" em: RITTER, Joachim (org.). *Historisches Wörterbuch der Philosophie*. Bd. 1. Basel, 1971, p. 780.

CAPÍTULO II - SOBRE A HISTÓRIA DA CIÊNCIA...

quando imaginamos o quanto significava a perda de um animal em uma sociedade agrícola da Antiguidade tardia ou do início do Medievo. Quanto mais retornamos cronologicamente, menos fontes estão disponíveis e mais frequentes são os problemas de tradução. O jurista de formação que atua como historiador do direito utilizará inconscientemente a ajuda da sua própria experiência jurídica para alcançar a representação de como "funcionava" um fenômeno. Igualmente, deve ele pressupor uma certa "similaridade" antropológica dos homens, por meio da qual negócios jurídicos de mesma espécie sejam imagináveis. Aqui estão, no entanto, as dificuldades. A suposta similaridade dos problemas de planejamento é uma hipótese duvidável. O que talvez possa resultar admissível nos contratos entre particulares se torna inseguro quando se passa ao contexto social da "pena" ou do "poder público". Aqui as premissas utilizadas a partir do seu próprio âmbito vital são comumente inúteis. Determinadas sociedades consideram o furto como delito muito mais grave do que uma facada; outras assumem com naturalidade a escravidão ou formas de governo aristocráticas ou autoritárias; em outras ainda, apareceria o desejo de liberdade religiosa como uma blasfêmia. Desse modo, a experiência jurídica própria, que utilizamos como farol no passado, pode conduzir tanto a pistas verdadeiras quanto a falsas.[40] Surge um

---

[40] WIEACKER, Franz. "Methode der Rechtsgeschichte". *In:*

perigo capital de que nós só reconhecemos aquilo que já acreditamos saber. Não se pode evadir da dificuldade de julgarmos o nosso presente e com os nossos conhecimentos. Não podemos voltar à inocência da ignorância, da completa imparcialidade e da perda da experiência. Constantemente se intromete a própria experiência jurídica, que, com frequência, serve de ajuda, mas com a mesma frequência nos desencaminha com seus anacronismos quando nos mostra aparentes similitudes precisamente em contextos em que operavam condições de funcionamento de normas jurídicas completamente diferentes.

    Essa ligação com o presente também vale, como dito, para as nossas hipóteses condutoras de pesquisa. Por que fazemos esta ou aquela pergunta no passado e por que questionamos de uma forma determinada? A resposta tautológica diz: porque esta ou aquela nos interessa na nossa atual situação. Em outras palavras: nossas hipóteses de pesquisa estão repletas do presente, cheias de subjetividade e de curiosidade – e por que não? Não é metodologicamente ilegítimo partir de um problema moderno para, de logo, em crescente distância a respeito da chama inicial acendida por um "motivo" determinado, deixar-se levar por um questionamento propriamente histórico. As diferenças

---

ERLER, Adalbert *et al* (org.). *Handworterbuch zur Deutschen Rechtsgeschichte (HRG)*. Bd. 3. 1984, pp. 518-526.

CAPÍTULO II - SOBRE A HISTÓRIA DA CIÊNCIA...

entre as culturas jurídicas europeias podem incentivar o estudo do passado e das observações sobre suas similaridades, sobre as transferências de figuras ou instituições jurídicas ou sobre o pernicioso crescimento atual da burocracia. Mas é regra fundamental do trabalho histórico que o motivo original da investigação se aparte com clareza à hora de formular uma hipótese investigadora e de analisar as fontes.

2.10 PALAVRAS E COISAS (FATOS)

Se os múltiplos distanciamentos impostos pela História do Direito a respeito dos pressupostos filosóficos, dos dados do direito vigente e das próprias experiências jurídicas já trazem dificuldades suficientes, outras perturbações ainda surgem de uma outra consequência das aproximações próprias da análise da linguagem, nomeadamente o caráter discutível da diferenciação entre palavras e coisas (fatos). Aceitando-se que, "por trás" da emaranhada e obscura linguagem, a dura realidade histórica espera pela sua descoberta, então o mundo se decompõe em uma face comunicativa e uma não comunicativa. Correspondentemente, construíram-se no passado dicotomias entre investigação de palavras e de fatos, entre história das ideias e história real. Sabe-se que a linguagem não pode mover montanhas reais, vencer batalhas reais nem fazer um totem ganhar vida. Nesse ponto, há (banalmente) "fatores" históricos e há, quando estes estão esgotados, os seus vestígios (ossos, armas, pedras, moedas, inscrições, prédios). Esses vestígios são, para o historiador e para o juiz,[41] "provas" que podem ser vinculadas por meio de conclusões e produzir um certo grau de evidência, suficiente a efeitos práticos e dentro dos limites da pragmática. Todos esses vestígios precisam de interpretação, cuja moldura teórica deve ser traçada de um modo em que os vestígios possam ser "decifrados".

Aconteça como queira, trata-se de um discurso inescapavelmente ligado à linguagem que deve ser referido a uma realidade fora do texto. Apenas na linguagem pode a história ressurgir como uma construção espiritual, pois o mundo que vivenciamos e concebemos é linguisticamente construído. Quando formulamos uma situação histórica, criamo-la como abreviatura autossuficiente de informações e de interpretações. Existe apenas como linguagem e só por meio dela pode ser comunicada. A escrita da história nunca supõe, portanto, um acesso direto a uma realidade existente "atrás" da linguagem. É apropriação mediante a linguagem de mensagens transmissíveis (apenas) mediante a linguagem. Não se falando mais sobre o passado, ele desaparece. Atrás, ficam pedras

---

[41] STOLLEIS, Michael. "Der Historiker als Richter – der Richter als Historiker". *In:* FREI, Norbert; D. VAN LAAK, Dirk; STOLLEIS, Michael (org.). *Geschichte vor Gericht. Historiker, Richter und die Suche nach Gerechtigkeit.* Munchen, 2000, pp. 173-182.

CAPÍTULO II - SOBRE A HISTÓRIA DA CIÊNCIA...

sem sentido e sinais incompreensíveis. Por meio de nomeação – mediante batismo, quando o paralelismo teológico não traz novas confusões –, tornam-se vivos e cognoscíveis.

Por isso, não é convincente quando Karl Kroeschell afirma:

> Claro que só excepcionalmente temos acesso imediato a uma realidade histórica. Ainda assim, o trono de Carlos Magno em Aachen segue com os seus oito níveis, e (um outro exemplo) os vestígios de assentamentos em forma de Bifände[42] por ele concedidos entre 811 e 813 ainda são reconhecíveis na estrutura moderna de colonização e de exploração de Kaufunger Walde. É certo que dependemos principalmente de testemunhos escritos que nos transmitam as situações históricas em forma linguística – com todas as imprecisões e erros que disso possam surgir. No entanto, eu não posso aceitar que os acontecimentos históricos somente possam existir como linguagem. Nada nos impõe permanecer impassíveis ante a realidade apenas virtual do discurso histórico. A interpretação das fontes permite perfeitamente

---

[42] Propriedade rústica cercada para ser cultivada pela primeira vez. Cf. KROESCHELL, Karl. "Bifang". *HRG* 1, p. 418-420, 1971; CZEGUHN, Ignacio. "Bifang". *In*: *HRG* 2. Aufi. 3., Lieferung, Berlin, pp. 576-577, 2005, p. 576 e seguintes.

mostrar o que realmente aconteceu (e também o que não aconteceu).[43]

Tomando-se essa passagem literalmente, pareceria que haviam passado sem deixar vestígio algum todas as dúvidas metodológicas sobre a possibilidade de realizar o postulado de Ranke de investigar "como realmente aconteceu". Pode-se demonstrar, por meio da interpretação das fontes, o que "realmente" aconteceu, ou pelo menos o que não aconteceu?

Pressupõe-se que um objeto real, a ruína de um castelo, a descoberta de uma sepultura ou uns documentos poderiam intermediar "excepcionalmente" o acesso direto à verdade histórica. Mas esses objetos são mudos. O chamado trono de Carlos Magno deve ser descrito verbalmente. A comunidade de especialistas deve estar "convencida" para reconhecê-lo como trono de Carlos Magno e diferenciá-lo de um trono episcopal ou de uma falsificação. O prego da cruz de Cristo ou o Santo Sudário de Turim só se converteram em "fatos" históricos quando a opinião pública científica, de acordo com os seus níveis de saberes, interpreta e agrega historicamente o prego ou

---

[43] KROESCHELL, Karl. "Eine Totschlagstihne vor 700 Jahren. Die Rechtssache des Abtes von Walkenried". *In:* ESDERS, Stefan (org.). *Rechtsverstandnis und Konfliktbewaltigung:* Gerichtliche und außergerichtliche Strategien im Mittelalter. Köln u.a., 2007, p. 137 e seguintes.

CAPÍTULO II - SOBRE A HISTÓRIA DA CIÊNCIA...

a tela.[44] Nós todos sabemos que a história está repleta de falsas citações[45] e de falsas atribuições. A história é cheia de fábulas, falsidades e narrativas de legitimação fingidas, cujo estudo é tão fascinante justamente porque mostra como o homem constrói o seu mundo, como o conforma por meio da linguagem, como sempre volta a "nomear" novamente, como Adão no paraíso.[46]

2.11 FATOS E EVIDÊNCIAS

No entanto, não parece supérfluo suavizar essa tese por meio de um certo pragmatismo. Não se deve comprovar tudo de novo. Nem tudo é inseguro. A economia de nossas forças e a brevidade da nossa vida proíbem que se duvide de tudo. À medida que acontecimentos sejam suficientemente comprovados,

---

[44] FLECK, Ludwik. *Entstehung und Entwicklung einer wissenschaftlichen Tatsache. Einfiihrung in die Lehre vom Denkstil und Denkkollektiv.* Frankfurt, 1980.

[45] STOLLEIS, Michael. "Der Historiker als Richter – der Richter als Historiker". *In:* FREI, Norbert; D. VAN LAAK, Dirk; STOLLEIS, Michael (org.). *Geschichte vor Gericht. Historiker, Richter und die Suche nach Gerechtigkeit.* Munchen, 2000, pp. 173-182.

[46] "Gênesis", 2,19-20: Deus levou "todos os animais do campo e todas as aves do céu (...) antes do homem, para que ele visse como os chamava; já que cada animal vivente tinha o nome que o homem lhe dera. E o homem pôs seu nome a cada gado e pássaro no céu e cada animal no campo".

não desperdiçaremos nossas forças em provar outra vez ainda mais segura. Há casos de "evidências". Leibniz as nomeava como

> uma certeza luminosa... isto é, quando não se duvida, em virtude das circunstâncias, do que se vê por trás das apresentações. Essa definição de certeza nos deixa seguros de que Constantinopla está no mundo, que Constantino, Alexandre, o Grande, e Crasso viveram. Um fazendeiro/camponês de Ardennes pode com direito duvidar disso, pois lhe falta instrução, mas um homem culto e educado não poderia fazer isso sem grande perturbação de espírito.[47]

Nesse sentido, nenhuma pessoa razoável ou informada duvida do assassinato de César, da existência de Carlos Magno ou mesmo — como um colega culto pretendia triunfantemente ter que me reprovar — do holocausto. Por trás da última palavra, encontram-se, se não tivermos sido abandonados por todos os bons espíritos e pelo saber histórico, "fatos", assustadores e irrebatíveis fatos.[48] Mas é importante para as questões

---

[47] LEIBNIZ, Gottfried Wilhelm. *Nouveaux essais sur l'entendement humain*. Amsterdam/Leipzig, [1704] 1765, §10 (Ober GewiBheit und Evidenz). (Em alemão: *Neue Abhandlungen über den menschlichen Verstand*, 1778).

[48] Sobre a interpretação diferenciada, cf. DAWIDOWICZ, Lucy S. *The Holocaust and the Historians*. Cambridge, 1981; YOUNG,

CAPÍTULO II - SOBRE A HISTÓRIA DA CIÊNCIA...

fundamentais da escritura da história ser consciente da sua dependência a respeito de tradições, interpretações e atribuições orais e escritas. Podemos confirmar e assegurar as evidências por meio de "descrições detalhadas",[49] por meio da multiplicação de testemunhos fidedignos, por meio de análises genéticas ou de referências a provas arqueológicas –[50] em todos os casos fica inacessível o passado "enquanto tal", não há um caminho direto em sua direção. Ele continua visível, mas como se por trás de um vidro translúcido, só com contornos mais ou menos vagos.[51]

James E. *Beschreiben des Holocaust*: Darstellung und Folgen der Interpretation. Frankfurt, 1992; MICHMAN, Dan (org.). *Remembering the Holocaust in Germany, 1945-2000:* German Strategies and Jewish Responsens. New York, 2002; DINER, Dan. *Gegenlaufige Gedachtnisse:* ober Geltung und Wirkung des Holocaust. Gottingen, 2007.

[49] GEERTZ, Clifford. "Thick Description: Toward an Interpretive Theory of Culture". *In:* _____. *The Interpretation of Cultures:* Selected Essays. New York, 1973. (Em alemão: *Dichte Beschreibung. Beitrage zum Verstehen kultureller Systeme*, 3. Aufl. Frankfurt, 1994).

[50] A batalha no Teotoburger Wald, a devastadora derrota de Varo pelos germânicos dirigidos por Arminio no ano 9 d. C, teve lugar, se pensa hoje, nas cercanias de Kalkriese, na montanha chamada Wiehengebirge. Os achados arqueológicos o fazem tão plausível que se tende a falar de verdade histórica.

[51] Para novos debates, cf. o fundamental SCOTT, Joan. "The Evidence of Experience". *Critical Inquiry*, n. 17, pp. 773-798, 1991; STONE, Lawrence. "History and Post-Modernism". *Past and Present*, n. 131, p. 216 e seguintes, 1991; aqui também de publica a contribuição de SPIEGEL, Gabrielle. "History and Post-Modernism". *Past and Present*, n. 135, pp. 194-208, 1992.

2.12 HISTORIADOR COMO AUTOR

O que se segue daí? Se a escritura do passado como uma construção social da realidade do passado só pode ser compreendida pela linguagem, se em realidade se alcança apenas por meio da linguagem, então também os limites entre historiografia e recriação literária devem ser permeáveis. Historiador e poeta criam a partir do "poço profundo do passado", como diz Thomas Mann na primeira frase de *José e seus irmãos*. Ambos elaboram, a partir do material da memória e com a mediação da linguagem, um texto imaginativo. Escritor de História [*Geschichtschreiber*] e contador de estórias [*Geschichtenerzähler*] são irmãos de espírito. Isso é consequência do já dito até agora, mas se observará que a maioria dos historiadores atribui grande valor à distinção entre a escritura da História e a ficção, evidentemente preocupados com o caráter científico da sua própria atividade. Não se deve, segundo Hans-Ulrich Wehler, construir uma fachada entre uma estória fictícia e uma análise crítica.[52] Isso seria equivocado e incompreensível. Se se manifesta com Wehler, de um lado, contra uma descrição lúdica e apaixonada do conceito, então fica claro, por outro lado, que a análise crítica também é um produto fictício, linguístico e criativo do autor.

---

[52] WEHLER, Hans Ulrich. *Literarische Erzahlung oder kritische Analyse? Ein Duell in der gegenwartigen Geschichtswissenschaft.* Wien, 2007.

CAPÍTULO II - SOBRE A HISTÓRIA DA CIÊNCIA...

Se finalmente nos decidirmos a assumir a ideia de que o historiador é apenas uma espécie erudita e submetida a regras metodológicas especiais dentro do gênero "poeta/escritor", então desaparecem os temores ante o variável território fronteiriço situado entre a escritura da História acreditada e a criação literária de livre iniciativa. A diferença se reduz à pergunta sobre o controle por meio das fontes e ao mandamento científico da honradez que impede que se misturem os gêneros. Em resultado, talvez o poeta esteja sugestivamente convencido, enquanto o historiador crítico é mais confiável, quando se trata da destruição de lenda e da descoberta de falsas atribuições. Comum a ambos é que eles criam ou "reconstroem" linguisticamente um mundo passado. O trânsito fluido entre gêneros resulta especialmente claro nos romances autobiográficos ou na utilização de elementos de uma realidade lembrada nos textos de ficção. Os homens que aparecem nos romances se assemelham talvez aos seus modelos reais, que se queixam de terem sido representados de modo "reconhecido". Ambas variantes surgiram recentemente na jurisprudência alemã e desencadearam longos debates sobre as tensões entre o direito fundamental à livre criação artística e o direito geral à personalidade, também protegido como direito fundamental.[53] Tendo claro que a verdade não

---

[53] Referimo-nos às decisões judicias sobre o livro de Maxim Biller, *Esra*, e sobre o filme para televisão *Nur ein Tablette*, que trata mais

pode brotar como de um manancial puro nem com a representação mais precisa orientada pelas fontes, nem no romance histórico, nem por meio do informe policial repleto de "fatos", nem mediante a declaração de testemunha ocular mais confiável, então, reduzem-se as diferenças entre os gêneros e tudo depende finalmente das pretensões de quem escreve, assim como do respeito às regras metodológicas vigentes em cada caso em virtude de consensos tácitos.

2.13 IMAGINAÇÃO E MEMÓRIA

Hoje se naturalizou, na história, que as fontes escritas e iconográficas consultadas são artefatos que sempre foram produzidos com certa intenção e que nunca serão admitidas como reprodução da "realidade". Deve-se questionar e compreender criticamente o seu conteúdo e a sua intencionalidade. Compreender, diz-se hoje, seria um processo dialógico entre novas informações e conhecimento acumulado, ligado à linguagem e ao contexto temporal e pessoal. Assim,

---

uma vez do caso "Contergan". No primeiro caso, o livro foi proibido por infração dos direitos da personalidade; no segundo, permitiu-se a exibição do filme. Um terceiro caso representa o livro *Haveman*, de Florian Havemann, publicado pela Suhrkamp em 2007 e que deu lugar a uma ação de reparação de danos e prejuízos apresentada pelos irmãos do autor, os quais foram retratados em várias passagens. Em 2008, uma nova versão impressa apareceu depois de uma apresentação na internet.

CAPÍTULO II - SOBRE A HISTÓRIA DA CIÊNCIA...

a fantasia desempenha um papel heurístico fundamental. Já Kant notou: "Se a imaginação for um ingrediente necessário à percepção, parece que não notou nenhum psicólogo".[54] Sem essa produtiva imaginação, não poderíamos completar corretamente as palavras ditas descuidadamente ou as inscrições meio destruídas, não poderíamos nem sequer lê-las. Sem dúvida, a imaginação produtiva também é uma grande sedutora que leva dos caminhos corretos para os errados. Crianças se divertem com as coisas sem sentido que aparecem ao final da brincadeira "telefone sem fio". Psicólogos nos explicam que nós só escutamos e entendemos o que "queremos" escutar e entender. Assim, o subconsciente e as pistas deixadas pela memória no nosso cérebro dirigem a percepção. Completamos nela o que parece nos faltar. Giramos as coisas para que elas se "afinem" e sigam, segundo seja o caso, a pista verdadeira ou falsa (ao juízo do observador). Quando a América foi descoberta em 1492, em princípio, ela parecia se tratar de algumas ilhas (*insulae nuper detectae*) pertencentes às "Índias". Colombo descreveu as novas terras e os índios como paráfrases de suas próprias ideias de paraíso e dos antigos *topoi* dos *locus amoenus*[55]. Nos bosques fez voarem rouxinóis, ainda que não

---

[54] KANT, Immanuel. *Kritik der reinen Vernunft*. Theorie-Werkausgabe, Bd. 3. Frankfurt, [1781] 1968, p. 176.

[55] CURTIUS, Ernst R. *Europaische Literatur und Lateinisches Mittelalter*, 5. Aufl. Bern-Munchen, 1965, cap. 10, § 6.

houvesse rouxinóis na América Central daquele tempo.⁵⁶ Aconteceu o mesmo com os índios, que interpretaram os europeus a cavalo, no contexto do seu próprio mundo de deuses, como centauros, e em suas armas de fogo vieram as provas da sua força sobrenatural. Os leitores das notícias na Europa finalmente criaram um "Novo Mundo", a partir de uma mistura de crenças herdadas, fantasias e supostas realidades transmitidas pela linguagem. Assim, as atuais investigações sobre as imagens do Novo Mundo são, antes de tudo, investigações sobre as imagens que tinham os europeus em suas cabeças, como se demonstrou, por exemplo, com o mito dos canibais.⁵⁷

Esse controle, mediante opiniões gravadas, aversões e simpatias, afeta também a memória enquanto depósito do que acreditamos saber. As novas pesquisas sobre o cérebro confirmam a desconfiança na confiança do lembrado. O cérebro não é um computador que registra e reproduz de modo confiável, mas

---

[56] PALM, Erwim Walter. "Spanien und die Neue Welt". *In:* _____. *Heimkehr ins Exil:* Schriften zu Literatur und Kunst. Köln, Weimar, Wien, 1992, pp. 1-54. (7: "A nova realidade é concebida nas formas de percepção próprias da Baixa Idade Média"); PALM, Erwim Walter. "Zwischen Paradies und Wirklichkeit. Bilder von der Neuen Welt". *In:* _____. *Heimkehr ins Exil:* Schriften zu Literatur und Kunst. Köln, Weimar, Wien, 1992, pp. 413-423.

[57] MENNINGER, Annerose. *Die Macht der Augenzeugen:* Neue Welt und Kannibalen-Mythos, 1492-1600. Stuttgart, 1995.

CAPÍTULO II - SOBRE A HISTÓRIA DA CIÊNCIA...

sim um órgão criativo que continuamente conforma informações. Lembranças se armazenam e se adaptam, mesclam-se com fantasias e se transformam por meio dos desejos, da idiossincrasia e dos prejuízos. As lembranças ficam confundidas, sepultadas por novas impressões, incluídas nos "marcos" já existentes. Em absoluto cabe falar de um armazenamento exato de verdades históricas[58]. É muito mais correto dizer que o armazenamento se acumula e se transforma segundo a medida do que já existia, e a duração e intensidade da lembrança parece depender da energia com que foram "gravadas" certas imagens de acontecimentos ou especiais vivências determinantes, de modo que permanecem "inesquecíveis", o que tampouco supõe garantia alguma de que não sigam mudando no transcurso dos anos.

Novas deformações se completam logo ao reviver e dar forma linguística ao lembrado.[59] Isso foi

---

[58] SINGER, Wolf. *Der Beobachter im Gehirn:* Essays zur Hirnforschung. Frankfurt 2002.

[59] SINGER, Wolf. "Ober Nutzen und Vorteile der Hirnforschung fur die Geschichtswissenschaft". In: _____. *Der Beobachter im Gehirn:* Essays zur Hirnforschung. Frankfurt, 2002, pp. 77-86. FRIED, Johannes. *Der Schleier der Erinnerung.* Grundziige einer historischen Memorik. München, 2004.VOLLRATH, Hanna. "Geschichtswissenschaft und Geschichtsschreibung. Zur Diskussion um das Buch Der Weg in die Geschichte von Johannes Fried". *Zeitschrift fur Geschichtswissenschaft*, n. 43 pp. 451-459, 1995. KRAUS, Alexander; KOHTZ, Birte. "Hirnwindungen-Quelle

provado muitas vezes de modo experimental, como na criminologia, por meio de questionários paralelos de testemunhas sobre o que elas haviam acabado de ver – a propósito, com resultados grotescos e divergentes. Muito mais se acredita, nas tradições orais de tempos imemoriais, ao fato de que cada geração acrescenta novos detalhes e transmite o resultado à seguinte geração como uma versão melhorada ou atualizada.

2.14 LIMITES DA ÉTICA CIENTÍFICA

Para não levar muito longe a separação entre historiografia e literatura, há de se enfatizar: naturalmente, há diferenças ético-científicas de princípio.[60] A fantasia dos historiadores deve ser freada por meio dos postulados metodológicos, como eles eram aceitos desde o século XVII nas ciências históricas, ou seja, por meio dos mandamentos da não contradição, da separação entre relato e avaliação, da separação entre fontes e a própria apresentação e a determinação da "melhor" fonte por meio de uma crítica documental constantemente refinada. A hipótese do historiador deve, diferentemente de um romance, estar sempre disposta ao

---

einer historiografischen Wende? Zur Relevanz neurowissenschaftlicher Erkenntnisse für die Geschichtswissenschaft". *Zeitschrift für Geschichtswissenschaft*, n. 55, pp. 842-857, 2007.

[60] STONE, Lawrence. "The Revival of the Narrative". *Past & Present*, n. 85, pp. 3-24, 1979.

CAPÍTULO II - SOBRE A HISTÓRIA DA CIÊNCIA...

falseamento caso outros testemunhos "melhores" apareçam. Suposições gerais sobre comportamentos humanos "normais", em que não se reflete a condicionalidade histórica da normalidade, são duvidáveis. Afirmações sem a indicação de fontes são avaliadas como não sérias. A ciência histórica analítica é, como Wehler afirmou com razão,

> uma filha do racionalismo. Pois ela se estruturava, com precisos interesses-guias ao conhecimento e com análises convincentes das condições restritivas e do mundo percebido pelos indivíduos, em prosa clara para alcançar o leitor ou ouvinte. Ela quer convencê-lo com a força do seu argumento ou pelo menos precisar as suas contradições. Ela se estrutura basicamente pelo diálogo argumentativo e confia na força de convencimento do pensamento racional.[61]

Mas ele confirma também, por meio da sua triplamente encantatória escolha de palavras ("convincente", "convencer", "força de convencimento"), que se trata, em suma, de um processo de comunicação verbal e de construção de um consenso sobre um passado não mais alcançável por acesso direto.

---

[61] WEHLER, Hans Ulrich. *Literarische Erzahlung oder kritische Analyse?* Ein Duell in der gegenwartigen Geschichtswissenschaft. Wien, 2007, p. 50.

Quando a ciência da história se sente vinculada ao pensamento racional, então ela pode referir sua qualificação científica apenas para a utilização de uma linguagem tão clara e verificável quanto possível, assim como se contém no uso de metáforas, hipérboles e paradoxos e fica por princípio aberto à verificação ou falsificação. Um romance histórico não precisa e não pode ser "rebatido". Uma pesquisa histórica pode, ao contrário, perder bruscamente o seu valor quando a hipótese que a sustentava rui pela descoberta de uma nova e em todos os lados convincente fonte inédita. Um manuscrito, um protocolo de conversas ignorado, uma inscrição que aparece insuspeitadamente, fundos arqueológicos ou quaisquer outras surpresas podem "falsificar" construções vigentes. As diferenças entre a escrita da história e a literatura de ficção não se situam no plano da reconstrução do passado pela língua, nem pela construção de hipóteses, nem no papel da criatividade e da fantasia, mas sim na estrita vinculação das declarações científicas às "regras" acordadas para o seu gênero ao longo da história da ciência, e que lhe resultam agora constitutivas. Essas regras podem certamente ser ultrapassadas, mas essa superação deve ser tornada pública.

capítulo III
compreender e
traduzir

Com certas, mas ao final não essenciais, modificações, tudo o que se disse até aqui vale também para "escrever História do Direito". Enquanto essa especialidade das ciências históricas institucionalmente alojada dentro da formação dos juristas pretenda manter o seu caráter científico e não se diminua a uma ciência auxiliar do direito vigente, deverá suportar abundantes frutos autônomos da sua investigação e, antes de tudo, valorizar mais as dúvidas produtivas do que as certezas tradicionais. As irritações desencadeadas por isso e que estimulam a inovação podem de igual forma vir tanto da verificação de novas fontes quanto de reflexões metodológicas. Ambos, a curiosidade pela nova informação e o desejo de novas hipóteses, não devem ser contrapostos como se fossem incompatíveis. A faísca pode começar tanto com a brasa de uma fonte até há pouco desconhecida ou de uma leitura nova de fonte já conhecida quanto de uma "ideia". Na vida de um historiador ou em uma instituição, pode predominar temporalmente um ou outro elemento. Mas, em princípio, a acumulação de fontes sem critério teórico é também "terreno árido" como teoria sem sustento nas fontes.

A motivação para escrever História do Direito também pode ser extraordinariamente diversa como na história. Na maioria das vezes, será o duplo desejo de entender melhor não apenas o passado, mas também o próprio presente. Esse presente resulta suficientemente confuso. Ninguém o entende em sua plenitude. Também os sociólogos e cientistas políticos que fazem trabalhos empíricos veem apenas segmentos. Do mesmo modo, o sociólogo do direito e o etnólogo do direito nos informam apenas em uma certa medida sobre o modo de funcionar das normas em geral e em especial sobre o direito adotado pelo Estado. Com que a História do Direito pode contribuir é algo bastante limitado. Ela oferece informações oriundas do direito do passado. Pode dizer que "isso talvez possa funcionar assim". Seria desonesto se ela se explicasse competente para resolver perguntas para o presente ou para criar prognósticos para o futuro. Suas afirmações se referem ao passado e podem, por princípio, mudar apenas o nosso conhecimento atual sobre esse passado. Certamente surgem casos em que se contribui também para

CAPÍTULO III - COMPREENDER E TRADUZIR

resolver problemas atuais.[62] Mas esses são frutos acessórios de uma disciplina fundamental que não precisa referir a eles a sua legitimação científica.

3.1 COMPREENDER E TRADUZIR

A História do Direito se exerce primordialmente no presente e não pode abandonar o horizonte atual de pesquisa e interesse. O fato de que nós perguntemos ao passado a partir do presente não supõe nenhum motivo de impureza. Não podemos nada diferente. Quando mergulharmos no passado e confiarmos nas fontes, a crítica das fontes e a autocrítica devem nos defender de introduzir falsas atualizações e de mal interpretar o desconhecido por tê-lo identificado precipitadamente com o conhecido. Devemos, de fato, nos dispor a observar a linguagem jurídica de tempos antigos justamente como se, de momento, não a compreendêssemos, como se apenas a partir do uso em seu contexto originário poderíamos desentranhar o que a palavra "significa".

Os resultados devem ser "traduzidos". Nós não podemos nos desviar disso citando apenas fontes originais; devemos, ao contrário, torná-los "dizíveis" em

---

[62] Deve-se lembrar dos recentes conflitos (2007/2008) entre a Casa do Grão-Ducado de Baden e o Estado de Baden-Württemberg sobre as coleções de arte e a biblioteca.

nossa língua, mesmo havendo naturalmente o risco de mudá-los para a língua política atual e de sugerirem analogias equivocadas. Há, ao contrário, como já afirmado, incontestáveis similaridades das relações jurídicas contemporâneas com as do passado, talvez muito mais do que suponhamos, pois as constelações fundamentais da vida humana que necessitam ser reguladas juridicamente seguem aproximadamente as mesmas. As figuras jurídicas que se utilizam desse modo não são descobertas de novo uma e outra vez, mas se transformam com a experiência, vagarosamente e em pequenos passos,[63] também porque as sociedades humanas, por inércia ou por economia, costumam mudar só o imprescindível.

Se isso se chama "desenvolvimento" ou "evolução", é um debate cheio de implicações, mas pouco frutífero por fim, porque sempre se introduzirão reservas contra um conceito romântico de desenvolvimento ou um conceito darwinista de evolução. Se se consideram as transformações do direito na linha do

---

[63] De forma programática: FOGEN, Marie Theres. "Rechtsgeschichte – Geschichte der Evolution eines sozialen Systems". *Rechtsgeschichte*, n. 1, pp. 14-19, 2002; FOGEN, Marie Theres. "Zu einer Debatte, die keine werden wollte". *Rechtsgeschichte*, n. 2, pp. 12-13, 2003; como introdução às conferências recíprocas de ASCHKE, Manfred. *Kommunikation, Koordination und soziales System:* Theoretische Grundlagen für die Erklärung der Evolution von Kultur und Gesellschaft. Stuttgart, 2002; AMSTUTZ, Marc. *Evolutorisches Wirtschaftsrecht:* Vorstudien zum Recht und seiner Methode in den Diskurskollisionen der Marktgesellschaft. Baden-Baden, 2001.

CAPÍTULO III - COMPREENDER E TRADUZIR

tempo como produto da comunicação política e social permanente sobre os projetos normativos de ordenação das sociedades, então a denominação desempenha um papel secundário. Ela é uma etiqueta, um produto artístico intelectual como os propostos para ordenar a casa de matérias. Nas transformações que sem dúvida se produzem, podem ser comprovados deslizamentos mais lentos e mais rápidos. Compra e venda, com crédito ou com garantias de crédito, com penhor ou fiança, com aluguel ou arrendamento, herdeiros ou legatários, noivado ou matrimônio, transferência de bens e de direitos, todos são conhecidos pela História do Direito desde as altas culturas do Antigo Oriente. Esses fatos parecem ser estáveis ao longo dos milênios, ainda que as condições que os marquem tenham mudado visível e fundamentalmente. É grande a tentação de desenvolver a partir daqui universalidades ou considerar duradouros conjuntos básicos de figuras jurídicas. A tudo isso está a História do Direito privado inteiramente exposta. Na História do Direito penal ou do Direito público, o risco é menor, porque aqui a mudança das formas e os saltos revolucionários e a censura se produzem evidentemente com maior nitidez, de modo que as "repetições" em sentido estrito parecem se dar, em todo caso, somente quando o ponto de vista se coloca em um nível muito alto de abstração.

3.2 OBJETIVO DO CONHECIMENTO

Se o interesse geral do historiador do direito consiste em entender e descrever como "funcionavam" as ordens jurídicas do passado, então ele tem tarefas fundamentais diante de si. Helmut Coing as descreveu de forma sistemática e sóbria:[64] a busca das "fontes do direito" em conexão com as ideias do tempo, o que de fato vale como direito e em que âmbito normativo deve funcionar (1); a classificação dessas fontes no horizonte cultural em que surgiram, incluindo a atenção ao grau específico de profissionalização do pensamento jurídico (2); a análise das instituições e regras singulares, evitando a interpretação anacrônica a partir da experiência jurídica própria (3); a tentativa, atendendo a todas as posições sociais, econômicas, religiosas e espirituais de qualquer tipo, de "compreender a norma jurídica de um ordenamento passado a partir de seus próprios pressupostos, o que significa *entendê-la como solução de um problema de ordenação planejado no seu momento*"(4);[65] a observação das relações de uma sociedade como o complexo de normas jurídicas reconhecido por ela, portanto, o uso das normas aplicáveis ao caso concreto por leigos e juristas, as modalidades de imposição do direito e por meio das

---

[64] COING, Helmut. "Aufgaben des Rechtshistorikers". *Sitzungsberichte der Wissenschaftlichen Gesellschaft an der Johann Wolfgang Goethe-Universitat Frankfurt am Main*, Wiesbaden, Bd. XIII, n. 5, 1976.

[65] COING, Helmut. "Aufgaben des Rechtshistorikers". *Sitzungsberichte der Wissenschaftlichen Gesellschaft an der Johann Wolfgang Goethe-Universitat Frankfurt am Main*, Wiesbaden, Bd. XIII, n. 5, 1976, p. 21 (grifo do autor).

CAPÍTULO III - COMPREENDER E TRADUZIR

instituições. Esse último inclui a análise do pensamento jurídico específico da época em todos os níveis de sua profissionalização, assim como a história da ciência do direito (5).

Tais postulados gerais são reconhecidamente difíceis de cumprir. Acima de tudo, constitui um desafio constante para a exposição à vinculação de todo o contexto cultural com a concreta norma jurídica ou com a sua aplicação. Quando se trata de compreender por que uma sociedade do passado estabelece e impõe determinadas proibições de matrimônio, por que certos negócios jurídicos realizados livremente por mulher casada se consideram eficazes e outros como ineficazes, precisa-se de conhecimentos precisos e completos sobre os modos de vida e a repartição de papéis nas sociedades da época. O mesmo vale para as regras de guerra, os usos do comércio, os sistemas de seguridade social, a concessão e as garantias dos créditos e muitos outros casos. A colaboração social funciona apenas com a ajuda de regras implícitas e explícitas, das quais uma quantidade determinada, mas historicamente diferente, forma as denominadas "regras jurídicas". Essas regras jurídicas, por outro lado, não proveem todas de modo algum da vontade do Estado – essa seria uma perspectiva moderna completamente inadequada ao passado. Ao contrário, entendem-se essas regras jurídicas apenas dentro das redes de convenções sociais que as circundam e lhes dão suporte, e dentro da sensibilidade espiritual das diferentes culturas. Igualmente complexas são as atividades de pesquisa, quando se quer transmitir por que certas regras ou codificações inteiras se deslocaram, por meio "transferências", para outros lugares e outras redes normativas que funcionavam diferentemente.[66] A esse problema da recepção ou da transferência também pertence a observação de que há culturas jurídicas que se dirigem, acima de tudo, por normas religiosas e étnicas e que consideram o recurso ao direito e aos juízos mais como paliativo da resolução de conflito.

3.3 TAREFAS DE FUTURO DA HISTÓRIA DO DIREITO

Os aqui mais aludidos do que abordados problemas metodológicos não devem paralisar a elementar curiosidade científica em torno das questões mencionadas. Ao contrário, na medida em que se assume a condição de autor, talvez se abra de novo algum caminho iluminado pelo reflexo de certa inocência própria da narração. À vista da quantidade de tarefas de pesquisa que aparecem do final da época das histórias nacionais do direito, isso resultaria altamente desejável. A história europeia do direito, que nestes anos aparece com livros de textos cada vez mais

---

[66] FÖGEN, Marie Theres; TEUBNER, Günther. "Rechtstransfer". *Rechtsgeschichte*, n. 7, pp. 38-45, 2005.

CAPÍTULO III - COMPREENDER E TRADUZIR

qualificados,[67] deveria se formar como história comparada do direito e da ciência do direito, portanto, genuinamente como especialidade histórica, estimulada pelas perguntas jurídicas do presente, mas com a devida distância delas. Por essa nova orientação pós-nacional finalmente também poderá ser superado o há muito tempo criticado isolamento de especialidade da romanística, da canonística e da "germanística" (*ius patrium*). Uma vez que as diferentes massas jurídicas estiveram conectadas no mundo vital do passado, elas devem ser reunificadas pela indispensável reconstrução dos correspondentes problemas de ordenação. Uma especialização que talvez tenha sido levada longe demais por ser um obstáculo; no entanto, ela não constitui uma objeção *a priori*.

Às urgentes tarefas de futuro pertence a superação do estreito marco da História do Direito privado. Entende-se o ordenamento jurídico como um esboço de ordenação da sociedade. Assim, todos os campos são potencialmente e igualmente importantes, pois se sabe que os problemas não se restringem à

---

[67] HATTENHAUER, Hans. *Europaische Rechtsgeschichte*, 4. Aufl. Heidelberg, 2004. WESEL, Uwe. *Geschichte des Rechts. Von den Frühformen bis zur Gegenwart*, 2. Aufl. Munchen, 2001. VAN CAENEGEM, Rauol Charles. *An Historical Introduction to Western Constitutional Law*. Cambridge, 1995. PADOA SCHIOPPA, Antonio. *Storia del diritto in Europa:* Dal medioevo all' eta contemporânea. Bologna, 2007. GROSSI, Paolo. *L'Europa del diritto*. Roma-Bari, 2007.

divisão das disciplinas nas universidades. Desse modo, a História do Direito privado precisa evidentemente da História do Direito penal e da História do Direito público, da História do Direito constitucional e talvez mesmo da História do Direito internacional para entender o funcionamento da negociação privada. Não diferente do direito vigente, que depende essencialmente da interação de diferentes áreas do direito, deve também a História do Direito pesquisar livre das classificações acadêmicas em que o problema encontra o seu "lugar na vida".

Finalmente, deseja-se também uma História do Direito europeu que inclua os até agora muito negligenciados países do leste e do sul da Europa, incluindo a história bizantino-otomana na Romênia, na Bulgária e nos Bálcãs. Um cuidado intenso desses campos pode tornar compreensíveis as especificidades da cultura jurídica europeia, a separação, iniciada no Medievo, entre religião e direito, os postulados do Estado de Direito, a autonomia privada e a intervenção social, o pensamento codificador, os direitos humanos e dos cidadãos, assim como as múltiplas variações de democracia e organização do Estado que contribuíram essencialmente para a atenuação dos conflitos. Essa seria também a mensagem correta para outras culturas, em boa medida porque é uma mensagem de que nós podemos nos sentir orgulhosos.

Como o direito "funciona", como cresce historicamente da moral, do uso e da religião, como

CAPÍTULO III - COMPREENDER E TRADUZIR

dos sacerdotes vieram conhecedores do direito e juristas, como a cultura jurídica oral se converteu em cultura jurídica escrita, como conselheiros, escabinos/vereadores e juízes "achavam" e proclamavam o direito, como as sociedades se concertam com as suas ovelhas negras, como elas regulam internamente as suas próprias ordenações de cargos, como declararam guerra e fecharam a paz com os seus vizinhos, como os grandes dirigem e oprimem os pequenos, mas também como estes, de vez em quando, com a ajuda do direito, conseguem exigir desagravos e impor limites aos grandes, como se concertam e dissolvem matrimônios e como se repartem frascos e panelas e a cama comum, como se transmitem sítios e como são feitos testamentos – tudo isso é matéria da História do Direito.

Uma História do Direito no futuro deverá descobrir como a vida juridicamente ordenada do século XXI tinha lugar, como um cidadão exerça seus direitos de votar, como os consumidores conseguiam fazer as suas vozes serem ouvidas em nível europeu, como funcionavam o direito da internet, o direito das viagens ou o direito do tráfego aéreo, como se entendia a sociedade mundial permanentemente misturada e intercambiada com as velhas massas de direito estatais. Novamente os historiadores do direito se perguntarão como podem reconstruir essa vida e as suas regras jurídicas, como evitar mal-entendidos anacrônicos, como descobrir os seus próprios preconceitos e restrições mentais, e, quando escreverem, resolverão se interpretaram "corretamente" as fontes ou se ultrapassaram as fronteiras da ficção. Em todo caso, não terão nas mãos fato algum, não encontrarão verdade objetiva alguma, mas haverão de se esforçar para conseguir a aprovação dos seus interlocutores intelectuais – vulgo *cientific community* – quanto às suas mais ou menos plausíveis propostas de interpretação. Finalmente, precisarão também de imaginação criativa e capacidade linguística. Esperamos que a espécie, que é curiosa quanto a isso tudo, não se extinga.

REFERÊNCIAS BIBLIOGRÁFICAS

ALTHAUS, Claudia. *Erfahrung denken:* Hannah Arendts Weg von der Zeitgeschichte zur politischen Theorie. Göttingen, 2000.

AMSTUTZ, Marc. *Evolutorisches Wirtschaftsrecht:* Vorstudien zum Recht und seiner Methode in den Diskurskollisionen der Marktgesellschaft. Baden-Baden, 2001.

ASCHKE, Manfred. *Kommunikation, Koordination und soziales System:* Theoretische Grundlagen ftir die Erklarung der Evolution von Kultur und Gesellschaft. Stuttgart, 2002.

AUSTIN, John Langshaw. *Zur Theorie der Sprechakte (How to do things with Words)*. Stuttgart, 1979.

BURGHARTZ, Susanna. "Historische Anthropologie – Mikrogeschichte". *In:* EIBACH, Joachim; LOTTES,

CAPÍTULO III - COMPREENDER E TRADUZIR

Günther (orgs.). *Kompass der Geschichtswissenschaft*. Göttingen 2002, pp. 206-218.

COING, Helmut. "Aufgaben des Rechtshistorikers". *Sitzungsberichte der Wissenschaftlichen Gesellschaft an der Johann Wolfgang Goethe-Universitat Frankfurt am Main*, Wiesbaden, Bd. XIII, n. 5, 1976.

CONRAD, Christoph; Kessel, MARTINA (orgs.). *Geschichte schreiben in der Postmoderne*. Stuttgart, 1994.

CURTIUS, Ernst R. *Europaische Literatur und Lateinisches Mittelalter*, 5. Aufl. Bern-Munchen, 1965.

CZEGUHN, Ignacio. "Bifang". In: *HRG* 2. Aufi. 3., Lieferung, Berlin, pp. 576-577, 2005.

D'ESPAGNAT, Bernard. *Traite de Physique et de Philosophie*. Paris: Fayard, 2002.

_____. *On Physics and Philosophy*. Princeton: Princeton University Press, 2006.

DAWIDOWICZ, Lucy S. *The Holocaust and the Historians*. Cambridge, 1981.

DINER, Dan. *Gegenlaufige Gedachtnisse:* Ober Geltung und Wirkung des Holocaust. Gottingen, 2007.

EIBACH, Joachim; LOTTES, Günther (orgs.). *Kompass der Geschichtswissenschaft*. Göttingen, 2002.

FISCHER, Fritz. *Der Griffnach der Weltmacht:* Die Kriegsziele des kaiserlichen Deutschland 1914/18, 1961.

_____. *Deutsche Kriegsziele:* Revolutionierung und Separatfrieden im Osten 1914-1918. HZ, 1959.

_____. *Krieg der Illusionen:* Die deutsche Politik von 1911 bis 1914, 1969.

FLECK, Ludwik. *Entstehung und Entwicklung einer wissenschaftlichen Tatsache. Einftihrung in die Lehre vom Denkstil und Denkkollektiv*. Frankfurt 1980.

FÖGEN, Marie "Theres. Rechtsgeschichte – Geschichte der Evolution eines sozialen Systems". *Rechtsgeschichte*, n. 1, pp. 14-19, 2002.

_____. "Zu einer Debatte, die keine werden wollte". *Rechtsgeschichte*, n. 2, pp. 12-13, 2003.

FÖGEN, Marie Theres; TEUBNER, Günther. "Rechtstransfer". *Rechtsgeschichte*, n. 7, pp. 38-45, 2005.

FRIED, Johannes. *Der Schleier der Erinnerung. Grundzüge einer historischen Memorik*. München, 2004.

FRIED, Johannes. "Die Garde stirbt und ergibt sich nicht. Wissenschaft schafft die Welten, die sie erforscht: Das Beispiel der Geschichte". *FAZ,* vol. 3, abr. 1996.

GAGNÉR, Sten. *Studien zur Ideengeschichte der Gesetzgebung*. Uppsala, 1960.

_____. *Zur Methodik neuerer rechtsgeschichtlicher Untersuchungen I. Eine Bestandsaufnahme aus den sechziger Jahren*. Ebelsbach, 1993.

GEERTZ, Clifford. "Thick Description: Toward an Interpretive Theory of Culture". In: _____. *The Interpretation of Cultures:* Selected Essays. New York, 1973.

_____. *Dichte Beschreibung. Beitrage zum Verstehen kultureller Systeme*, 3. Aufl. Frankfurt, 1994.

GEIER, Manfred. *Der Wiener Kreis: Mit Selbstzeugnissen und Bilddokumenten*. Reinbek, 1992.

GROSSI, Paolo. *L'Europa del diritto*. Roma-Bari, 2007.

CAPÍTULO III - COMPREENDER E TRADUZIR

HAAR, Ingo. *Geschichtswissenschaft und der "Volkstumkampf" im Osten*. Göttingen, 2000.

HATTENHAUER, Hans. *Europaische Rechtsgeschichte*, 4. Aufl. Heidelberg, 2004.

HAVERKATE, Görg. *Gewißheilsverluste im juristischen Denken:* Zur politischen Funktion der juristischen Methode. Berlin, 1977.

JABLONER, Clemens; STADLER, Friedrich (orgs.). *Logischer Empirismus und Reine Rechtslehre:* Beziehungen zwischen dem Wiener Kreis und der Hans Kelsen-Schule. Wien, 2001.

KANT, Immanuel. *Kritik der reinen Vernunft*. Theorie-Werkausgabe, Bd. 3. Frankfurt, [1781] 1968.

KOSCHAKER, Paul. *Die Krise des römischen Rechts und die romanistische Rechtswissenschaft*. München, 1938.

KOSCHAKER, Paul. *Europa und das römische Recht*. 4. Unveränderte Aufl. München, [1947] 1966.

_____. *Europa und das römische Recht*. München-Berlin, 1947.

KOSELLECK, Reinhart. *Kritik und Krise: Eine Studie zur Pathogenese der bürgerlichen Welt*. Freiburg-München, 1959.

KOSELLECK, Reinhart. "Richtlinien für das Lexikon Politisch-sozialer Begriffe der Neuzeit". *Archiv für Begriffsgeschichte*, Bd. XI, 1967, pp. 81-99.

_____. "Was sich wiederholt". *FAZ,* vol. 21, jul. 2005.

KRAUS, Alexander; KOHTZ, Birte. "Hirnwindungen-Quelle einer historiografischen Wende? Zur

Relevanz neurowissenschaftlicher Erkenntnisse für die Geschichtswissenschaft". *Zeitschrift für Geschichtswissenschaft*, n. 55, pp. 842-857, 2007.

KROESCHELL, Karl. "Bifang". *HRG* 1, pp. 418-420, 1971.

_____. "Eine Totschlagstihne vor 700 Jahren. Die Rechtssache des Abtes von Walkenried". *In*: ESDERS, Stefan (org.). *Rechtsverstandnis und Konfliktbewaltigung:* Gerichtliche und aulßergerichtliche Strategien im Mittelalter. Köln u.a., 2007, pp. 121-139.

LANDAU, Peter. "Rechtsgeschichte und Soziologie". *Vierteljahresschrift für Sozial- und Wirtschaftsgeschichte*, n. 61, pp. 145-164, 1974.

LEHMANN, Hartmut; RICHTER, Melvin (org.). *The Meaning of Historical Termsand Concepts:* New Studies on Begriffsgeschichte. Washington, 1996.

LEIBNIZ, Gottfried Wilhelm. *Nouveaux essais sur l'entendement humain*. Amsterdam/Leipzig, [1704] 1765. (Em alemão: *Neue Abhandlungen über den menschlichen Verstand*, 1778).

MAYER-MALY, Theo. "Die Wiederkehr von Rechtsfiguren". *Juristenzeitung*, pp. 1-3, 1971.

MENNINGER, Annerose. *Die Macht der Augenzeugen:* Neue Welt und Kannibalen-Mythos, 1492-1600. Stuttgart, 1995.

MICHMAN, Dan (org.). *Remembering the Holocaust in Germany, 1945-2000:* German Strategies and Jewish Responsens. New York, 2002.

CAPÍTULO III - COMPREENDER E TRADUZIR

MITTEIS, Heinrich. *Vom Lebenswert der Rechtsgeschichte.* Weimar, 1947.

MÜLLER, Oliver. "Mit allen Registern. Basel feiert das 'Historische Wörterbuch der Philosophie'". *Süddeutsche Zeitung*, 28 jun. 2007.

NOWAK, Kurt; OEXLE, Otto Gerhard (orgs.). *Adolf von Harnack (1851-1930):* Theologe, Historiker, Wissenschaftspolitiker. Göttingen, 2001.

OGOREK, Regina. "Rechtsgeschichte in der Bundesrepublik (1945-1990)". *In:* SIMON, Dieter (org.). *Rechtswissenschaft in der Bonner Republik:* studien zur Wissenschaftsgeschichte der Jurisprudenz. Frankfurt, 1994, pp. 12-99.

PADOA SCHIOPPA, Antonio. *Storia del diritto in Europa:* Dal medioevo all' eta contemporânea. Bologna, 2007.

PALM, Erwim Walter. "Spanien und die Neue Welt". *In:* _____. *Heimkehr ins Exil:* Schriften zu Literatur und Kunst. Köln, Weimar, Wien, 1992, pp. 1-54.

_____. "Zwischen Paradies und Wirklichkeit. Bilder von der Neuen Welt". *In:* _____. *Heimkehr ins Exil:* Schriften zu Literatur und Kunst. Köln, Weimar, Wien, 1992, pp. 413-423.

RITTER, Joachim. "Leitgedanken und Grundsätze des Historischen Wörterbuchs der Philosophie". *Archiv für Begriffsgeschichte*, Bd. XI, pp. 75-80, 1967.

_____ (org.). *Historisches Worterbuch der Philosophie.* Bd. 1. Basel, 1971.

RORTY, Richard. *Objectivity, relativism and truth.* Cambridge, 1991.

_____. *The Linguistic Turn:* Recent Essays in Philosophical Method. Chicago, 1967.

RÜCKERT, Joachim; WILLOWEIT, Dietmar (org.). *Die Deutsche Rechtsgeschichte in der NS-Zeit, ihre Vorgeschichte und ihre Nachwirkungen.* Tübingen, 1995.

RÜCKERT, Joachim. "Zur Erkenntnisproblematik materialistischer Positionen in der rechtshistorischen Methodendiskussion". *Zeitschrift für historische Forschung,* n. 5, 1978, pp. 257-292.

SCHULZE, Winfried; OEXLE, Otto Gerhard (orgs.). *Deutsche Historiker im Nationalsozialismus.* Frankfurt, 1999.

SCOTT, Joan. "The Evidence of Experience". *Critical Inquiry,* n. 17, pp. 773-798, 1991.

SINGER, Wolf. *Der Beobachter im Gehirn: Essays zur Hirnforschung.* Frankfurt, 2002.

_____. "Ober Nutzen und Vorteile der Hirnforschung für die Geschichtswissenschaft". *In:* _____. *Der Beobachter im Gehirn: Essays zur Hirnforschung.* Frankfurt, 2002, pp. 77-86.

SPIEGEL, Gabrielle. "History and Post-Modernism". *Past and Present,* n. 135, pp. 194-208, 1992.

STOLLEIS, Michael; SIMON, Dieter. (orgs.). *Rechtsgeschichte im Nationalsozialismus. Beiträge zur Geschichte einer Disziplin.* Tübingen, 1989.

_____. "Der Historiker als Richter – der Richter als Historiker". *In*: FREI, Norbert; D. VAN LAAK, Dirk; STOLLEIS, Michael (org.). *Geschichte vor Gericht. Historiker, Richter und die Suche nach Gerechtigkeit.* Munchen, 2000, pp. 173-182.

CAPÍTULO III - COMPREENDER E TRADUZIR

_____."Friedrich Meineckes 'Die Idee der Staatsräson' und die neuere Forschung". *In:* _____. *Staat und Staatsräson in der frühen Neuzeit.* Frankfurt, 1990, pp. 134-164.

STONE, Lawrence. "History and Post-Modernism". *Past and Present*, n. 131, p. 216 e seguintes, 1991.

_____. "The Revival of the Narrative". *Past & Present*, n. 85, pp. 3-24, 1979.

_____. "Die Rückker der Erzahlkunst". In: RAULFF, Ulrich (org.). *Vom Umschreiben der Geschichte.* Berlin, pp. 3-24, 1986.

VAN CAENEGEM, Rauol Charles. *An Historical Introduction to Western Constitutional Law.* Cambridge, 1995.

VOLLRATH, Hanna. "Geschichtswissenschaft und Geschichtsschreibung. Zur Diskussion um das Buch Der Weg in die Geschichte von Johannes Fried". *Zeitschrift für Geschichtswissenschaft*, n. 43 pp. 451-459, 1995.

WEHLER, Hans Ulrich. *Deutsche Gesellschaftsgeschichte*, 4 Bde. München, 1987-2003.

_____. *Entsorgung der deutschen Vergangenheit?* Ein polemischer Essay zum "Historikerstreit". München, 1988.

_____. *Literarische Erzahlung oder kritische Analyse?* Ein Duell in der gegenwartigen Geschichtswissenschaft. Wien, 2007.

WESEL, Uwe. *Geschichte des Rechts. Von den Frühformen bis zur Gegenwart*, 2. Aufl. Munchen, 2001.

_____. "Zur Methode der Rechtsgeschichte". *Kritische Justiz*, 1974, pp. 337-368.

WIEACKER, Franz. "Methode der Rechtsgeschichte". *In:* ERLER, Adalbert *et al* (org.). *Handwörterbuch zur Deutschen Rechtsgeschichte (HRG)*. Bd. 3. 1984, pp. 518-526.

_____. *Römische Rechtsgeschichte*. Erster Abschnitt. München, 1988.

WITTGENSTEIN, Ludwig. *Philosophische Untersuchungen*. Frankfurt, 2001.

YOUNG, James E. *Beschreiben des Holocaust:* Darstellung und Folgen der Interpretation. Frankfurt, 1992.

capítulo IV
metodologia da
História do Direito

Desde que Franz Wieacker tratou dessa palavra-chave na primeira edição do *HRG – Handwörterbuch zur deutschen Rechtsgeschichte*,[68] passaram-se três décadas. O seu artigo, ao qual aqui se refere enfaticamente, oferece numerosas e importantes observações que aqui não devem ser repetidas. Mesmo assim, há razões, alguns novos aspectos de debates metodológicos na ciência da história e na História do Direito para acrescentar. Muito embora uma mudança dos objetos da pesquisa jushistoriográfica não esteja necessariamente relacionada a uma mudança metodológica, significantes mudanças de interesses de pesquisa

---

[68] WIEACKER, Franz. Methode der Rechtsgeschichte. *Handwörterbuch zur deutschen Rechtsgeschichte*. vol. 3. Berlin, 1984, pp. 518-526.

e novas questões puxam para si perguntas metodológicas. Por isso, primeiramente aos objetos.

1. Para a exploração do direito romano clássico, os especialistas trabalham muito próximo dos Estudos Clássicos. Wieacker estabeleceu aqui uma soma.[69] O mesmo vale para a pequena, mas internacionalmente interligada legião de pesquisadores sobre os direitos na Antiguidade Oriental, o egípcio e o grego. A nova tradução alemã do *Digesto* progrediu nesse sentido. A segunda e a terceira gerações de romanistas, desde 1945, têm diferentes interesses científicos. Alguns pesquisam o antigo mundo jurídico estritamente histórico em uma estreita ligação com a história social e a história econômica dos antigos, enquanto outros buscam, no sentido de uma "ciência do direito histórica", a construção de pontes com a dogmática do direito civil vigente e com a integração jurídica europeia. Um comentário histórico-crítico do Código Civil alemão surgiu, realizado por uma geração mais jovem e organizado em torno de problemas de fundo concretos e visando a tipos ideais (organizado

---

[69] WIEACKER, Franz. *Römische Rechtsgeschichte, Erster Abschnitt*: Einleitung, Quellenkunde, Frühzeit und Republik. München, 1988. ____. *Römische Rechtsgeschichte*: die Jurisprudenz vom frühen Prinzipat bis zum Ausgang der Antike im weströmischen Reich und die oströmische Rechtswissenschaft bis zur justinianischen Gesetzgebung. München, 2006. (Organizado a partir de manuscritos por Joseph George, inacabado).

CAPÍTULO IV - METODOLOGIA DA HISTÓRIA...

por Schmoeckel, Rückert e Zimmermann). Direito penal, direito público e direito processual romanos encontram um interesse crescente. A história do *ius commune* na Idade Moderna e a história científica da Escola Histórica e da Pandectística se desenvolveram amplamente. Está incluída a história jurídica do tempo, com os seus problemas metodológicos característicos (oralidade, intensidade do volume de fontes e particularmente subjetividade da valoração pelos contemporâneos). A historicização do direito europeu surgido depois de 1945 está apenas começando.

Igualmente se modificaram os objetos dos ramos germanísticos da História do Direito. A anteriormente estreita ligação com a Escandinavística mal sobrevive. Uma História do Direito nórdico ou germânico comum depara-se com preocupações metodológicas, especialmente as inevitáveis conclusões sobre fontes medievais de tempos sem referências escritas, mas também em razão da hipostasia implícita de um pensamento jurídico germânico comum. Além disso, as capacidades linguísticas possuídas pelos germanistas do século XIX e início do XX claramente desapareceram. A Medievalística, hoje intensivamente cultivada pelos historiadores, cada vez mais se abre também para perguntas jurídicas, a exemplo de como inversamente os medievalistas se desprenderam dos historiadores do direito de modelos orientados às monarquias e à nação nos séculos XIX e início do XX.

Em seu lugar, entrou o apelo à comparação europeia. Por um lado, isso teve consequências para a pesquisa sobre a incorporação do direito romano, e, por outro lado, da "transmissão" do *Sachsenspiegel*[70] e dos direitos de Lübeck e de Magdeburg.[71] Uma pesquisa integradora de todas as questões de direto comum, de direito canônico e de direito alemão naturalmente ainda é rara, provavelmente também porque a pesquisa especialmente em direito canônico, em paralelo ao seu ensino, retrocedeu na Alemanha. Este último não faz jus à importância prática do direito canônico medieval para a formação de uma cultura jurídica europeia (Peter Landau). Simultaneamente, porém, o "direito (constitucional) religioso" (direito público eclesiástico) encontra grande interesse. Também a história constitucional, originalmente vinculada à nacionalidade, se abriu à Europa e além disso à comparação. Enquanto em quase todos os países do mundo, incluindo ditaduras, se deram constituições seguindo o padrão europeu--norte-americano, a nova pesquisa em transferências e

---

[70] N.T.: *Sachsenspiegel* foi uma codificação escrita de costumes jurídicos atribuída a Eike von Repgow e elaborada na primeira metade do século XIII na Saxônia, à época um importante ducado do Sacro Império Romano Germânico.

[71] N.T.: *Lübisches Recht* e *Magdeburger Recht* foram direitos próprios municipais de duas relevantes cidades portuárias (Lübeck e Magdeburg) que eram parte da Liga Hanseática. A possibilidade de se editarem direitos municipais decorria de privilégios concedidos às cidades, os quais remontam ao século XII.

CAPÍTULO IV - METODOLOGIA DA HISTÓRIA...

tradução se expande e se torna comparação constitucional histórica, da qual historiadores, cientistas políticos, historiadores do direito e publicistas são igualmente participantes.

Em geral, as perguntas romanistas e germanistas centrais do século XIX, juntamente com as suas conotações idealistas e nacionalistas, praticamente desapareceram. O interesse pela Idade Moderna e pelos séculos XIX e XX cresceu, inclusive da história do tempo jurídico. A europeização do direito e a globalização mudaram a perspectiva da História do Direito. A migração de homens, de ideias e de textos legais e constitucionais em longínquos espaços culturais conduziu a uma enorme expansão e mesmo a uma retomada da "história mundial" dos séculos XVIII e XIX, agora, no entanto, com novos instrumentos e com a inclusão da História do Direito (*global turn*). Na Europa, a História do Direito internacional e da arbitragem se revitalizou. Além disso, surgem novos ramos da História do Direito, cuja substância até recentemente foi pouco observada (história das normas técnicas, do direito da seguridade social, do direito do consumidor e do direito ambiental, da criminologia e da criminalística, da comunicação moderna, do direito administrativo e do direito constitucional, das normas não-estatais e dos meios não-estatais de resolução de conflitos, história comparada do direito nas ditaduras, entre outros). Desta forma, as articulações metodologicamente difíceis com as ciências naturais e sociais encontram particular interesse, principalmente quando as mudanças factuais forçam padronizações rápidas e menos estáveis. Isso, por sua vez, significa cooperação com o sentido adequado da ciência histórica (como a história estrutural, história cultural, micro-história, história social, história econômica, história da tecnologia, história do gênero, história das mentalidades, história das ideias, história dos meios de comunicação, história global), mas também com a teoria do direito, na medida em que se lida com novas formas fluídas de direitos não-estatais ou com questões da constitucionalização da sociedade mundial.

A longo prazo, isso poderia levar a uma reintegração das ainda hoje amplamente separadas histórias do direito privado, do direito penal e do direito público. Isso seria também adequado, pois os problemas de fundo e as situações da vida a serem investigados nunca foram mantidos nos limites das disciplinas acadêmicas. Eles normalmente ficam no ramo do direito. Neles, unem-se quase inseparavelmente pensamento e ação. A história do direito, que reconhece isso, poderia se concentrar em descobrir como pensamento normativo e ação humana interagem um com o outro. Processos históricos, que são reconstruídos por meio de redução e interpretação de informações, surgem de inúmeros atos e atos de fala. Estes, por sua vez, são parte da história das mentalidades ou das ideias, que, sem a mais próxima ligação com os pressupostos históricos (sociais e econômicas) dessas ideias, é igualmente imperfeita, como uma descrição

CAPÍTULO IV - METODOLOGIA DA HISTÓRIA...

de coisas reais sem o trabalho intelectual paralelo dos atores ou de seus fantoches. A ideia gosta de estar à frente do *design*, mas, igualmente frequente, a explicação de fatos aparentemente caóticos só foi obtida em análise retrospectiva.

2. Diretamente em razão dessa ligação aparece ultrapassada a separação citada por Wieacker ainda na tradição do século XIX, de "história d[e] externa" (experiências juridicamente r[elevantes, legislação], atos administrativos e juri[sdicionais]) [e "história interna"] (normas, instituições, d[outrinas]) [...] também quando s[e...] [...]s de fundo persist[entes...] [...]ar que a suposição de [...] [un]a "bem como a experiência h[istórica como] uma ciência hermenêutica" não é ma[is válida]. Predomina um consenso segundo o qual e[ven]tos, fatos ou fatos objetivo não são apenas excepcionais, mas também, em princípio, objeto de uma interpretação de texto hermenêutica, porque são reconstruídos como "mensagens" e traduzidos no idioma. Na medida em que os testemunhos das fontes são suficientes e convincentes, valem de modo pragmático como "fatos objetivos" [*Tatsachen*] (enquanto conceito no idioma alemão, estabelecido em 1756 por J. J. Spalding como tradução de *matter of fact*). No entanto, muitos dos pretensos fatos objetivos se revelam como construções de uma lembrança sempre distorcida ou como lenda, que emergem como narrativas para legitimação das origens de tempos

imemoriais, como alicerce de verdades da fé ou para propósitos políticos. Todos os objetos históricos (achados arqueológicos, construções, adornos, relíquias e outras coisas reais) devem ser "lidos" e exigem interpretações traduzidas. Nesse sentido, a problemática (como sempre aparece) da pré-compreensão e do círculo hermenêutico é inevitável.

3. Embora tenham renunciado à distinção entre História do Direito externa e interna, muitas mensagens do passado não devem ser questionadas em virtude de evidências, mesmo para evitar esforços de pesquisa desnecessários. O grau de segurança alcançável depende do consenso entre intérpretes experientes e especializados, podendo, então, variar historicamente. Cada geração encontra as suas fontes e lê os textos há muito conhecidos de uma nova maneira, colocando diferentes ênfases na história das pessoas, na história dos acontecimentos ou na história das estruturas. Não há um caminho seguro no passado, que seria pavimentado com "fatos objetivos" inquestionáveis. O passado como construção é sempre recriado, ao mesmo tempo em que as notícias de todas as formas são lidas, interpretadas e unificadas nas imagens mais coerentes possíveis. Determinar como foi "realmente" ou "de verdade" é impossível, porque os próprios processos, no momento da sua formação, são percebidos de maneira multiperspectiva e tradicional. Disponível está, portanto, apenas a interpretação mais imparcial possível, apoiada pelas fontes, pela crítica das

CAPÍTULO IV - METODOLOGIA DA HISTÓRIA...

fontes e também dirigida pela autocrítica, que seja aceita pela maioria da comunidade científica.

Se alguém pensa nas ideias de construção de realidades a partir de textos tradicionais ou de coisas reais carentes de interpretação do começo ao fim, então isso leva à percepção de que todas as fontes invocadas são artefatos (atos de fala), que elas se constituem com propósito específico e que não podem ser confundidas com a "realidade", a ilusão dos fatos brutos. Elas devem sempre ser questionadas e compreendidas como conteúdo e propósito. A compreensão é um processo dialógico entre conhecimento armazenado e nova informação. Desse modo, a fantasia complementar do historiador desempenha um papel heurístico fundamental. "A imaginação é um ingrediente necessário da percepção, em que nenhum psicólogo ainda pensou".[72] Sem essa produtiva imaginação, o obscuramente falado não pode ser compreendido, a inscrição meio destruída ou o manuscrito estragado não podem ser corretamente completados. A neurociência de hoje e a psicologia experimental nos ensinam que nós (apenas) "entendemos" o que nós podemos e "queremos" entender. O subconsciente e os engramas de percepções anteriores armazenados no cérebro desenvolvem efeitos controlados também nas memórias, as quais se revelam repetidas vezes como não

---

[72] KANT, Immanuel. *Kritik der reinen Vernunft*. Theorie-Werkausgabe, Bd. 3. Frankfurt, [1781] 1968, p. 176.

confiáveis, porque reformuladas por desejos, idiossincrasias e preconceitos. Isso vale sobretudo para as tradições orais em constante mutação.

4. Isso leva a difíceis problemas de delimitação entre textos literários (ficcionais), baseados em fontes juridicamente relevantes, e declarações manifestamente jushistoriográficas. Para as últimas, valem regras rigorosamente metodológicas e cientificamente éticas, como a proibição da invenção de pessoas ou de ações, a evidencialidade de alegações por fontes verificáveis, a separação das declarações historicamente descritivas e normativas, a relutância crítica no uso de conceitos anacrônicos ou de declarações especulativas contrafactuais. No entanto, as transições permanecem fluentes. Para isso apontam a literatura e o direito.

5. A reconstrução histórica dos significados, que os falantes e autores antigos resolveram nos seus (sob o nosso ponto de vista) textos juridicamente relevantes, emana da formulação classicamente transformada de que o significado de uma palavra é o seu uso na linguagem e a própria linguagem é o veículo do pensamento.[73] As concepções epistemológicas de Kant até a virada linguística (Austin, Searle, Rorty, entre outros) não negam a facticidade, mas apenas enfatizam que a produção de verdades absolutas traçou limites

---

[73] WITTGENSTEIN, Ludwig. *Philosophical Investigations*. Oxford, 1958.

subjetivos, que um consenso pode conduzir a "evidências" (a qualquer momento falsificáveis). A compreensão disso só pode ter êxito por meio das linguagens humanas com a sua problemática de tradução implícita e incorrigível. Palavras, imagens e sinais estão incluídos nesse amplo entendimento de "linguagens". As imagens também devem ser traduzidas para a linguagem, o que no decorrer da nova *iconic turn* ocasionalmente foi negligenciado. Este último diz respeito à História do Direito, na medida em que interpreta linguisticamente imagens como meios de comunicação, tribunais, cerimoniais, rituais, entre outros. Uma fuga do idioma por meio de evidências de fatos silenciosos ou de imagens naturalmente não é possível. Tampouco há fuga do contexto histórico-cultural no qual tem lugar a pesquisa científica.

Quando se trata do sentido das palavras, torna-se questionável a diferença entre palavras e conceitos, pois a classe de palavras aprisionada pelo neologismo do século XVIII ("conceito") geralmente se relaciona com a ideia de afirmações ontológicas fixáveis, enquanto a experiência histórica demonstra que a linguagem e o uso da linguagem e, assim, os sentidos das palavras, sempre permanecem variáveis. Os historiadores operam com "conceitos", então apenas no sentido de palavras com alto grau de abstração, que dão estrutura e transparência aos acontecimentos históricos ou devem sinalizar que houve um uso de palavras relativamente estável em determinados períodos.

Contudo, presumir como "essências" fixas os conceitos utilizados ou é um elemento tradicional da filosofia idealista, o qual está na transversal do conhecimento histórico real, ou é uma designação de um determinado uso de palavra para a dogmática do direito vigente. Muito embora a dogmática viva no contexto de Estado de Direito de uma precisa definição dos significados das palavras, na História do Direito, no entanto, não há preocupação com tais definições, mas com percepções sobre a variabilidade histórica das formas jurídicas e com a solução de problemas com a ajuda do direito.

REFERÊNCIAS BIBLIOGRÁFICAS

AUSTIN, John Langshaw. *Zur Theorie der Sprechakte (How to do things with Words)*. Stuttgart, 1979.

BELTING, Hans (org.). *Bilderfragen*: die Bildwissenschaften im Aufbruch. Padeborn, 2007.

BERNHEIM, Ernst. *Lehrbuch der Historischen Methode und der Geschichtsphilosophie*. Leipzig, 1889.

BOGHOSSIAN, Paul. *Angst vor der Wahrheit*: ein Plädoyer gegen Relativismus und Konstruktivismus. Frankfurt am Main, 2013.

CARONI, Pio; DILCHER, Gerhard (org.). *Norm und Tradition*: welche Geschichtlichkeit für die Rechtsgeschichte? Köln, 1998.

COING, Helmut. "Aufgaben des Rechtshistorikers". *Sitzungsberichte der Wissenschaftlichen Gesellschaft an der*

CAPÍTULO IV - METODOLOGIA DA HISTÓRIA...

Johann Wolfgang Goethe-Universitat Frankfurt am Main, Wiesbaden, Bd. XIII, n. 5, 1976.

CONRAD, Christoph; KESSEL, Martina (org.). *Geschichte schreiben in der Postmoderne*. Stuttgart 1994.

DROYSEN, Johann Gustav. *Historik*. 1977. (Edição histórica e crítica por Peter Leyh).

DUVE, Thomas. „Von der Europäischen Rechtsgeschichte zu einer Rechtsgeschichte Europas in globalhistorischer Perspektive". *Rechtsgeschichte / Legal History*, n. 20, 2012, pp. 18-71.

ELKANA, Yehuda. *Anthropologie der Erkenntnis*: die Entwicklung des Wissens als episches Theater einer listigen Vernunft. Frankfurt am Main, 1986.

FISK, Catherine L.; GORDON, Robert W. (org.). "Law as...: Theory and Method in Legal History". *UC Irvine Law Review*, vol. 1, n. 3, 2011.

FLECK, Ludwik. *Entstehung und Entwicklung einer wissenschaftlichen Tatsache. Einftihrung in die Lehre vom Denkstil und Denkkollektiv*. Frankfurt, 1980.

GAGNÉR, Sten. *Zur Methodik neuerer rechtsgeschichtlicher Untersuchungen I. Eine Bestandsaufnahme aus den sechziger Jahren*. Ebelsbach, 1993.

HALBFASS, Wilhelm. "Tatsache". *In:* RITTER, Joachim; GRÜNDER, Karlfried (org.). *Historisches Wörterbuch der Philosophie*. vol. 10. Basel, pp. 910-913, 1998.

HALLER, Rudolf. "Begriff". *In:* RITTER, Joachim (org.). *Historisches Wörterbuch der Philosophie*. vol. 1. Basel, pp. 780-785, 1971.

MITTELSTRASS, Jürgen. "Begriff und Wort". *In:* RITTER, Joachim (org.). *Historisches Wörterbuch der Philosophie.* vol. 1. Basel, pp. 785-787, 1971.

IGGERS, Georg G; WANG, Q. Edward; MUKHERJEE, Supriya. *Geschichtskulturen*: Weltgeschichte der Historiografie von 1750 bis heute. Göttingen, 2013.

JOLY, Jean-Baptiste; VISMANN, Cornelia; WEITIN, Thomas (org.). *Bildregime des Rechts.* Stuttgart, 2007.

JANICH, Peter. *Sprache und Methode*: eine Einführung in philosophische Reflexion. Tübingen, 2014.

KANT, Immanuel. *Kritik der reinen Vernunft.* Riga, 1781.

_____. *Kritik der reinen Vernunft.* Theorie-Werkausgabe, Bd. 3. Frankfurt, [1781] 1968.

KUHN, Thomas S. *The Structure of Scientific Revolutions.* Chicago, 1962.

LANDAU, Peter. "Bemerkungen zur Methode der Rechtsgeschichte". *ZNR*, pp. 117-131 1980.

_____. *Europäische Rechtsgeschichte und kanonisches Recht im Mittelalter.* Badenweiler, 2013.

LUMINATI, Michele; FALK, Ulrich; SCHMOECKEL, Mathias (org.). *Mit den Augen der Rechtsgeschichte*: Rechtsgeschichte – selbstkritisch kommentier. Wien, 2007.

MOYN, Samuel; SARTORI, Andrew (org.). *Global Intellectual History.* New York, 2013.

OGOREK, Regina. "Rechtsgeschichte in der Bundesrepublik (1945-1990)". *In:* SIMON, Dieter (org.).

CAPÍTULO IV - METODOLOGIA DA HISTÓRIA...

Rechtswissenschaft in der Bonner Republik: studien zur Wissenschaftsgeschichte der Jurisprudenz. Frankfurt, 1994, pp. 12-99.

PAHLOW, Louis (org.). *Die zeitliche Dimension des Rechts*: historische Rechtsforschung und geschichtliche Rechtswissenschaft. Padeborn, 2005.

DOERING-MANTEUFFEL, Anselm; LUTZ, Raphael. *Nach dem Boom*: Perspektiven auf die Zeitgeschichte seit 1970. 3 ed. Göttingen, 2012.

RORTY, Richard. *The Linguistic Turn:* Recent Essays in Philosophical Method. Chicago, 1967.

RÜCKERT, Joachim. *Autonomie des Rechts in rechtshistorischer Perspektive*. Hannover, 1988.

SCHMOECKEL, Mathias; RÜCKERT, Joachim; ZIMMERMANN, Reinhard (org.). *Historisch-kritischer Kommentar zum BGB*. 3 v. Tübingen, 2003-2013.

SCHOLZ, Gunter (org.). *Historismus am Ende des 20. Jahrhunderts*: eine internationale Diskussion. Berlin, 1997.

SCHRÖDER, Jan. *Recht als Wissenschaft*: Geschichte der juristischen Methodenlehre in der Neuzeit (1500-1933). 2 ed. München, 2012.

SIMON, Dieter. "Eine Rechtsgeschichte". *Myops*, vol. 20, pp. 67-77, 2014.

STOLLEIS, Michael. *Rechtsgeschichte schreiben*: Rekonstruktion, Erzählung, Fiktion? Basel, 2008.

_____. Rechtsgeschichte, Verfassungsgeschichte. *In:* GOERTZ, Hans-Jürgen (org.). Geschichte: ein Grundkurs. 3 ed. Hamburg, 2007, pp. 391-412.

WHITE, Hayden. *Auch Klio dichtet oder die Fiktion des Faktischen*. Studien zur Tropologie des historischen Diskurses. Stuttgart, 1986.

WIEACKER, Franz. *Römische Rechtsgeschichte, Erster Abschnitt:* Einleitung, Quellenkunde, Frühzeit und Republik. München, 1988.

_____. *Römische Rechtsgeschichte*: die Jurisprudenz vom frühen Prinzipat bis zum Ausgang der Antike im weströmischen Reich und die oströmische Rechtswissenschaft bis zur justinianischen Gesetzgebung. München, 2006. (Organizado a partir de manuscritos por Joseph George, inacabado).

WILLOWEIT, Dietmar. *Deutsche Verfassungsgeschichte*. 7 ed. München, 2013.

WITTGENSTEIN, Ludwig. *Philosophical Investigations*. Oxford, 1958.

Notas

Notas

Notas

Notas

Notas

A Editora Contracorrente se preocupa com todos os detalhes de suas obras!
Aos curiosos, informamos que este livro foi impresso no mês de outubro de 2020, em papel Pólen Soft 80g, pela Gráfica Copiart.